CHRISTINE KRUTTSCHNITT

STRANGE!

ALLEIN UNTER AMERIKANERN

CHRISTINE KRUTTSCHNITT

STRANGE!

ALLEIN UNTER AMERIKANERN

DUMONT

Erste Auflage 2009

Umschlag: Zero, München
Satz: Fagott, Ffm
Gesetzt aus der DTL Documenta und der Antique Olive
Gedruckt auf säurefreiem und chlorfrei gebleichtem Papier
Druck und Verarbeitung: CPI – Clausen & Bosse, Leck
Printed in Germany

ISBN 978-3-8321-9510-6

INHALT

Schleuderträume 7

Fly-Over 15

No Schwitzing 23

Schwarm-Zeit 31

Schön grün 41

Ein Hundeleben 51

Das Einmaleins von Zwei 61

Der Wau-Effekt 71

Frischfleisch 83

Wunder der Natur 99

Innenleben 113

What's new, Pussycat? 127

High Noon in Vegas 143

Einmal im Leben 157

Die anderen 171

Wo bleibt das Positive? 181

SCHLEUDERTRÄUME

Neulich hatte ich einen Unfall. Meinen ersten in Los Angeles. Den Klassiker.

Freitagnachmittag im San Fernando Valley. Fünfunddreißig Grad, der Verkehr stockend wie Eierstich, die Luft ein Gemisch aus Frittierfett, Abgasen, schlechter Aura. Rechts von mir ein Teenager mit so starken Wummerbässen, dass mir fast das Schlüsselbein aus der Fassung sprang, links im ganz großen Auto eine ganz kleine Frau, Typ *soccer mom* – Mutti rund um die Uhr, im Dienst ihrer freizeitgestressten Kinder. Die hinter mir im Wagen malte sich die Augen an und rief gleichzeitig E-Mails ab; was soll man auch sonst machen, wenn man in brütender Hitze einen endlosen Boulevard entlangschleicht. Um mich herum brüllten Ehemänner am Telefon ihre Scheidungsanwälte an, leckten Chihuahuas innig das Kinn ihrer Frauchen am Steuer; es wurde gehupt, es wurde gegähnt, es ging – gar nichts.

Alle wollten nach Hause. Alle fragten sich, was zum Teufel die anderen um diese Zeit auf der Straße verloren hatten. Die Schilder an den Läden waren in Spanisch, »Taqueria« oder »Clinica de la mujer«, überall »Si, abierto«. Irgendwo in diesen riesigen Lagerhallen wurde gerade gerammelt, was das Zeug hielt: Das San Fernando Valley ist das Epizentrum von Amerikas Porno-Industrie – eine riesige, sonnendurchglühte Ebene im Spreizwinkel zweier Bergketten, hinter denen auf der einen Seite der Pazifik, auf der anderen Death Valley, das Tal des Todes, liegt. Der Hula-Hoop-Reifen wurde hier erfunden, ein Hot-Dog-Stand zum historischen Denkmal erklärt; und immer, wenn Politiker während des Wahlkampfs im »wahren« Kalifornien, bei »echten Menschen«, haltmachen wollen, begeben sie sich in dieses Tal und futtern vor laufenden Kameras Burritos, wäh-

CALIFORNIA
The big One

rend ihre Dinner in den Prominentenvillen von Beverly Hills unter Ausschluss der Öffentlichkeit stattfinden, also bei unechten Menschen.

Aber als ich mich da im Staub voranquälte, dachte ich natürlich überhaupt nicht an diese oder andere kulturelle Verdienste des San Fernando Valley (der erste In-N-Out-Burger Kaliforniens vielleicht?). Ich dachte an meinen Kühlschrank. An die Milch auf dem Beifahrersitz, die dringend in denselben sollte und schon leicht zähflüssig in ihrer Gallonenplastikflasche schaukelte, wenn ich auf die Bremse trat – bremsen, anfahren, bremsen, nun fahr schon, du Blödmann. Und an Tom, der vermutlich gerade den Kühlschrank plünderte. Tom ist mein »Dekorateur«. So nennt er sich selbst. In Wirklichkeit streicht er das Haus an und fühlt sich dabei wie Michelangelo, und immer wenn der Renaissance-Mensch in ihm durchbricht, zieht es ihn auf magische Weise in meine Küche und an die Weißweinflasche. Dann kommt er erst recht auf Künstlerideen und stellt die Möbel um (»Vertrau mir, ich bin ein genialer Ästhet«) oder wässert mit Begeisterung den Garten und sämtliche ihn umgebenden Straßen (»Ich taufe, ich taufe!«). Tom ist vermutlich Kaliforniens, wenn nicht Amerikas letzter echter Hippie – ein Lebenskünstler ohne Auto, ohne Ausweis und ohne Telefon, der Bush einen Killer nennt, Barack Obama vorgeblich für eine Figur aus Star Wars hält und unentwegt versucht, in meinem Garten Marihuana anzubauen.

Womöglich machte er sich in dieser Sekunde über meine eigens aus Deutschland importierte Schokolade her. (Amerikaner können Eiscreme. Amerikaner können Muffins. Aber was Amerikaner weiß Gott nicht können, ist Schokolade.) Und während vor meinem inneren Ohr Stanniolpapier knisterte, tat es vor meinem äußeren einen Knall, und ich hing auf dem Hinterteil des vor mir fahrenden Toyota. Nicht fahrenden Toyota natürlich.

Oh – my – God: Unfälle in Amerika. Was liest man nicht alles. Dass sofort nach dem Crash Anwälte mit gezückten Visitenkarten aus den umstehenden Vehikeln springen und jubilieren: Ich habe alles beobachtet, machen Sie sich keine Gedanken, wir holen da Tausende raus, was sag ich, Mi-hill-iooo-nen! Aber das ist selbstverständlich der Text, den sie zu Leuten im Wagen vor einem sagen. Man selber hört nur: Ich hoffe, Sie sind gut versichert. Begleitet von einem scharfen Blick, als lande man unverzüglich in Folsom Prison. Das ist da, wo Johnny Cash einst gesessen und gesungen hat. Nur das mit dem Singen, sagt der zweite Blick, können Sie sich abschminken. Wenn ich mit Ihnen fertig bin, wollen Sie nur noch weinen.

Mein Opfer und ich steuerten unter Hupen und Fluchen an den Straßenrand. Wenn sie aussteigen und sich in den Nacken fassen, so lautet die oberste Regel im amerikanischen Straßenverkehr, heißt das »Schleudertrauma«; dann wirst du blechen, bis du schwarz wirst, dann kannst du deine Hypothekenzahlungen und die Ausbildung deiner Kinder in den Wind schreiben. (Das heißt, eigentlich ist es nur die zweitoberste. Die oberste lautet: Rufe niemals mit gerecktem Mittelfinger und bei heruntergekurbeltem Fenster »Nun fahr schon, du Blödmann!«: Es könnte eine Kugel genau zwischen deinen Augen landen.) Ein kleiner, beinahe halsloser Mann mit Schnurrbart und kurzen Beinen öffnete die Autotür. Aus dem Inneren drang Mariachi-Musik.

Er rieb sich den kurzen Nacken.

Als eine Art Präventivmaßnahme rief ich: »Sie hätten fahren sollen! Wieso sind Sie denn nicht gefahren?«

Der kleine Mann schnaufte. Er ging um seinen altersschwachen Toyota herum, blickte besorgt auf das wacklige Schutzblech (»War das vielleicht schon?«, fragte ich hoffnungsvoll) und dann auf meinen Wagen. Kein Kratzerchen. Ich kickte schuldbewusst gegen den Vorderreifen. Der kleine Mann sah südländisch aus, vermutlich kam er aus Mexiko oder einer anderen lateinamerikanischen Nation. Ein Illegaler, schoss es mir durch den Kopf, keine Papiere, keine Versicherung. Aber Schmerzen im Nacken.

Plötzlich war mir schwindlig. Die Hypothek, die Ausbildung der Kinder – die ich nicht einmal hatte –, alles futsch! Es war heiß, der Boden schien unter mir zu schwanken.

Der kleine Mann schaute mich scharf an. »Alles okay?«

Schwummrig. Als ob ich betrunken wäre. Ein Gefühl wie Pudding, und zwar, wie drinzusitzen. Seltsam.

Der kleine Mann lachte. Dann tätschelte er kurz sein Schutzblech, es wackelte wie ein Lämmerschwänzchen. Er wandte sich um zu mir und rief grinsend: »*Un terremoto!*«

»Ah«, erwiderte ich. Keine Ahnung, was er meinte. Nackenschmerzen? Schleudertrauma? Verarmung dank grober Körperverletzung?

»*Solo un poco de uno*«, sagte er. »Kleines Erdbeben. Nur kleines.«

»Wir sind gerade in einem Erdbeben!?«, stieß ich hervor. Da war das Puddinggefühl schon vorüber. Die Hitze stand solide wie eine Mauer. Der Boden war platt und glatt und heiß und unbewegt.

Ein Erdbeben! So fühlte es sich also an. Einmal hatte ich abends still auf dem Sofa gesessen, und aus unerfindlichen Gründen wubberten plötzlich die Sprungfedern, ganz kurz nur, als ob unter mir eine U-Bahn durchschösse. Am nächsten Morgen las ich in der Zeitung, dass in San Bernardino – das ist ein Berggebiet landeinwärts – die Erde gebebt hatte. Teller fielen aus Küchenschränken, Hunde bellten. Nichts Schlimmes. Ein Mini-Erdbeben eher. Ein Erdbeby, sozusagen. Ein andermal saß ich im Konferenzraum eines mehrstöckigen Luxushotels in Westwood – einem der feineren Viertel von L. A. –, und vorne auf dem Podium palaverte die Schauspielerin Scarlett Johansson gerade über ihren neuen, vermutlich recht überflüssigen Spielfilm. Journalisten aus der ganzen Welt waren angereist, um sie zu bestaunen. Dieses wunderschöne, vollsahnige Geschöpf erzählte also gerade, wie toll die Dreharbeiten gewesen seien, als sich in den hinteren Sitzreihen über die andächtige Stille Gemurmel erhob. Übernächtigte Ausländer aus Norwegen und Japan und Neuseeland warfen sich hellwache Blicke zu. Der Teppichboden schien sich zu wellen. War das Jetlag? War das Einbildung? War das – »Ein Erdbeben«, wisperte Japan mit hartem Zungenschlag. »Und wir sind im dritten Stock!«, stieß Norwegen hervor. Neuseeland atmete flach: »Aber die Einheimischen scheinen nichts zu bemerken.«

Die lokalen Journalistenkollegen saßen in der Tat stoisch auf ihren exzellenten Plätzen an der Kante zu Scarlett Johanssons Dekolleté und machten sich emsig Notizen. Ihre unbewegten Rücken signalisierten: Leute, regt euch ab. Unter vier Punkt neun kann uns nichts erschüttern.

»Es tut mir so furchtbar leid«, stammelte ich, während der kleine Mann mit dem potenziellen Schleudertrauma in die Sonne blinzelte. »Das ist mir noch nie passiert. Ich hoffe, Sie sind nicht verletzt.« Bei diesen Worten sah ich meine Versicherungsbeiträge in die Höhe schießen, ich sah sein Schutzblech auf meine Kosten in Gold gegossen werden, ich sah seine fünf Kinder auf meine Kosten Hüpfburgen kaufen, groß wie Neuschwanstein.

Er wackelte mit dem Kopf hin und her, als wollte er prüfen, ob er abfiel. Ein Polizeiwagen schob sich in der Karawane auf dem Boulevard an uns vorbei. Der kleine Mann winkte den völlig desinteressierten Jungs in Dunkelblau freundlich zu. »Ist okay, ist nicht schlimm«, sagte er zu mir. »Ist altes Auto, ist alter Mann.«

Er stieg wieder ein, ließ den Wagen an, sofort schmetterten die Mariachis weiter.

Er kurbelte, ohne anzufahren, an seinem Lenkrad und tat einen kleinen Hüpfer in seinem Sitz. »Vielleicht das Erdbeben!«, sagte er, seine schauspielerische Darbietung erklärend. Er blickte in mein hartnäckig bekümmertes Gesicht, kicherte wie ein Kobold und rief aus dem wegrollenden Wagen »*Have a nice day!*«

Drei Punkt neun stand am nächsten Tag in der Zeitung. Die meisten Kalifornier hatten sich nicht mal die Mühe gemacht, es zu ignorieren. »Irgendwann kommt ›The Big One‹«, pflegen sie zu sagen, wenn Landsleute von stabileren Schollen sie auf die immer präsente Erdbebengefahr ansprechen. Es klingt fast ein bisschen stolz. So als toppte ihre wandernde Kontinentalplatte, katastrophentechnisch gesehen, alle Tornados von Florida, alle Überschwemmungen im tiefen Süden.

Nun ist ganz Amerika bekanntlich verrückt nach Wettbewerben und Rekorden, und jeder Staat will etwas ganz Besonderes sein. Das Besondere an Kalifornien ist aber, dass es besonders verrückt ist.

Die gesamte übrige Nation blickt verwundert auf den Westen. Was der Rest der Welt von Amerika hält, das hält Amerika von Kalifornien: Die spinnen im »Golden State«. Jeder dort, so scheint es, hat künstlerische Ambitionen oder zumindest künstliche Titten, ist seit Äonen in Therapie oder beim Guru, sucht sich selbst und findet immer nur einen neuen Irrsinn, der bald darauf den ganzen Globus überzieht.

Botox und Pilates, Kabbala und Diätwahn, die Obsession mit Berühmtheit, ewiger Jugend und Instant-Erfolg: All das, was wir an Amerika so gaga finden, floriert in Kalifornien. Und zwar zuerst. Und mit Stolz.

Wie ich hier gelandet bin? Das ist eine kurze Geschichte, ich werde sie gleich erzählen. Wie es mir hier ergeht? Nun, das ist nicht ganz so einfach zu erklären. Der sonnige Westen ist meine zweite Heimat geworden. Einerseits. Andererseits schüttelt es mich ab und zu (und das liegt nicht an den Erdplatten). Dann fühle ich mich als komplette Fremde, die nichts versteht von diesem Land und seinen Bewohnern.

Innerhalb der nächsten dreißig Jahre, sagen Geologen und Erdbebenforscher, droht Kalifornien »The Big One«. Ein Beben mindestens der Stärke sechs Punkt sieben, da bleibt nichts an seinem Ort. Herrscht deswegen Panik an der Westküste? Keine Spur. *Have a nice day, too*!

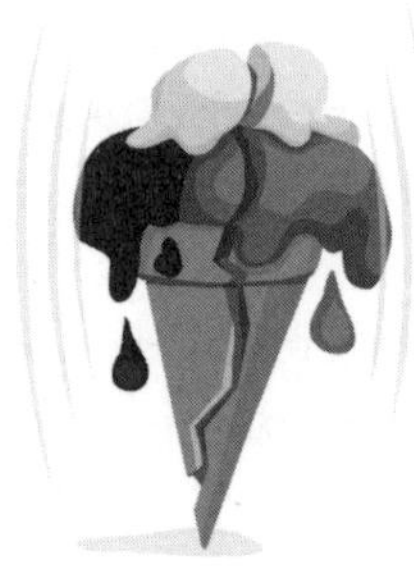

»Du musst immer gallonenweise Wasser im Haus haben und eine Taschenlampe am Bett«, sagt Tom. »Und genügend Sprit im Tank und auf jeden Fall immer genug Bargeld. Wenn das Erdbeben kommt, funktionieren keine Geldautomaten und Tankstellen mehr. Ach, übrigens, für meine Arbeit heute schuldest du mir achtzig Dollar.«

»Das ist mein letztes Bargeld.«

»Danke.«

»Aber du hast doch gerade gesagt …«

»Sei nicht so deutsch«, sagt Tom. »Du lebst in Amerika. Wir sind Optimisten.«

FLY-OVER

Meine erste Begegnung mit der Dritten Welt hatte ich Anfang 1999. Damals zog ich nach New York.

Ich lebte in einer Zweizimmerwohnung, deren Jahresmiete dem Bruttosozialprodukt einiger der Länder entsprach, die ihre Wimpel so nett am UN-Hauptquartier flattern ließen. Von meinem Wohnzimmer aus – in dem sich bei Regen zuverlässig Wasser in dem Loch sammelte, wo eigentlich eine Parkettfliese hätte sein sollen – sah man das Empire State Building, das machte schätzungsweise fünfundneunzig Prozent der Miete aus. Meine Nachbarin hatte zwei alte Möpse, von denen einer sich anscheinend bereits im Zustand der Verwesung befand; ein gemeingefährlicher Gestank entstieg dem Wägelchen, in dem sie ihn den langen Flur bis zum Aufzug und dann unten die Straße entlangkarrte. Aus ihrer Wohnung roch es nach Urin – sie ließ die beiden Viecher auf *wee-wee-pads* strullern, Pinkelmatten, entworfen für urbane Hundebesitzer, die ihre Kaniden nicht von Katzen oder Zimmerpflanzen unterscheiden können oder wollen. Ab und zu erleichterte sich Teddy – das war der lebendigere der beiden Möpse – auch auf meine Zeitung, die morgens um fünf von einem Teenager auf Rollerblades gegen meine Tür geschleudert wurde (roller, roller – dong!, roller, roller – dong!, zwanzig Wohnungstüren lang).

Unten am Eingang saß immer ein *doorman*. Den brauchst du in New York, hatten Kollegen mir eingeschärft, sonst dringen eines Tages Gangster in deine Wohnung und schießen dir eine Kugel genau zwischen die Augen (man beachte die Schattierungen der Gewalt in Amerikas Metropolen: In »Gotham City« braucht es nicht mal einen gereckten Mittelfinger, und du spielst bereits mit deinem Leben).

HOLLYWOOD

Der *doorman* aber langweilte sich den lieben langen Tag und fragte mich gelegentlich, ob er nicht vielleicht den Kammerjäger vorbeischicken sollte und wen ich so Interessantes getroffen hätte. Er wusste, dass ich Journalistin war; ihn beschäftigte stets, was die jeweilige Prominenz getragen hatte – »ein kariertes Hemd! George Lucas! Was Sie nicht sagen. Dabei machen Karos dick« – und ob es mir gelungen war herauszufinden, wer von den Interviewten heimlich homosexuell war. Seine Obsession war irgendwie verständlich: Unser Haus stand mitten in Greenwich Village, wo man eher heimlich heterosexuell ist. Jedes Jahr im Juli tobte die Christopher-Street-Parade direkt vor unserer Tür. Das erste Mal glaubte ich noch, ich könnte mal eben über die Sixth Avenue zur U-Bahn huschen, um dem Trubel zu entgehen – ich wurde wortwörtlich aufgerieben zwischen nackten Männerbrüsten, einige davon so schlecht rasiert, dass ich mir im Gequetsche Striemen im Gesicht holte wie nach anhaltender Knutscherei mit einem Drei-Tage-Bart-Träger. In der Eingangtür von unserem Haus sah ich mit verschränkten Armen den *doorman* lehnen – er war gelb vor Neid.

In der allerletzten Woche, die ich in New York verbrachte, fand ich heraus, wieso er mir dauernd den Kammerjäger anbot: Eine faustgroße Kakerlake huschte durchs Wohnzimmer. Ich erschlug sie mit der Bratpfanne. Als ich meinen New Yorker Bekannten empört erzählte, ich hätte eine Schabe in der Wohnung gefunden, lachten sie von Herzen. Eine! Du dummes Ding.

Heimisch gefühlt habe ich mich in New York von dem Moment an, als ich in der Sprache der Menschen um mich herum all die starken Akzente wahrnahm. Eine Stadt von Fremden, das schweißt zusammen. Der Bagel-Mann, bei dem ich mir jeden Morgen einen fetten Kringel mit Creamcheese holte, kam aus Polen. Die Frau, die mir die Haare schnitt, war Österreicherin. Die Taxis der Stadt lenkten Vertreter aller Völker Afrikas. Einmal geriet ich wider Erwarten an einen Amerikaner. Er war Jude, nannte mich »Mädele« und wollte wissen, was in Germany seit Hitler so los gewesen war.

Abends war ich meist schlagskaputt. New York ist anstrengend. Man geht viel zu Fuß über unversöhnlichen Asphalt, meist im Gedränge, und die U-Bahnen sind zur Hauptverkehrszeit gestopft wie Wurstdärme, mit Kondenswasser aus den keuchenden Klimaanlagen an der Decke, das warm auf die gedrängten Leiber tropft (nie Blickkontakt! Sonst schießen sie und so weiter und so fort). Ein Auto konnte sich kein Mensch leisten; dabei war nicht so sehr das Vehikel an sich unerschwinglich, sondern der Parkplatz. Die Haupteinnahmequelle der NYPD scheinen Strafzettel zu sein: Einmal hatte ich einen Mietwagen über Nacht – ich fing mir drei Stück ein. Und wer hat wirklich Lust, sich mit einem Auto durch den Strom von Fußgängern zu schieben, die geradezu spastisch auf Kühlerhauben einschlagen, wenn sie sich beengt fühlen? (Merke: Ampeln dienen hier nur als vage Verhaltensvorschläge für Verkehrsteilnehmer.) Busse sind voll, Restaurants sind voll, Kinos sind voll, Bahnhöfe, Museen, Taxis, Aufzüge, Coffeeshops – alles immer voll. Anstehen, warten, drängeln. Millionen Menschen immer unterwegs, immer in Eile. »Wo kauft ihr denn Lebensmittel ein?«, fragte ich einmal. Darauf eine New Yorkerin: »Was sind Lebensmittel?«

Die schwülen Sommer, mit Kakerlaken abends auf der Straße, dick wie Goldhamster. Die eisigen Winter, wenn Blizzards den Verkehr lahmlegten und man sich in märchenhafter Stille durch Schneewehen kämpfte. Im März der überraschende Duft blühender Kirschen am Rand der Avenues. Im August der Gestank abertausender in der Sonne schmorender Mülltonnen, der über den Häuserschluchten hängt wie der Geist von Manhattan. Einmal fegte ein tropischer Regensturm durch die Stadt, und an meinen Schlafzimmerwänden lief das Wasser herunter wie beim Springbrunnen im Trump Tower. (»Das tut mir aber leid«, sagte der *doorman*, als ich mich beschwerte. »Brauchen Sie jetzt den Kammerjäger?«) Stromausfälle gab es nicht ganz so häufig wie in Bagdad und auch deutlich seltener als in L. A. – aber eigenartig fand ich es jedes Mal, dass Tausende von Menschen im Dunkeln saßen, weil am Columbus Square ein Taxi gegen einen Strommast gefahren war. In heißen Sommern schaltete gar die Stadtverwaltung den Saft ab, um den unkontrollierten Zusammenbruch überlasteter Systeme zu verhindern; die einkommensschwachen Viertel freilich zuerst – in Harlem tauten bereits die Tiefkühlerbsen auf, während an der Upper East Side noch vornehm die Klimaanlagen surrten.

Ich ging schneller zu Fuß als jemals zu Hause in Deutschland. Ich begann zu bellen. (New Yorker haben keine Zeit. Sie texten ihre Mitmenschen nicht zu mit Blümchengequatsche wie: »Guten Tag, wie geht's, ich möchte gern zum John-F.-Kennedy-Flughafen, bitte!«, sondern werfen sich auf den Rücksitz eines Taxis, schnarren »JFK!« und checken ihren Blackberry). Und ich wurde ein Snob. Was immer sich westlich von New York befand – *fuggetaboutit.*

Mit Herablassung blickten wir New Yorker auf die »Bridge-and-Tunnel-Crowd«, die Bewohner von New Jersey, die unter dem Hudson durch und über den Hudson rüber am Wochenende Manhattans Nachtclubs stürmen. Dito auf die »Fly-Over«-Staaten, also Amerikas flache Mitte, die geschäftige Ostküstler nur vom Blick aus dem Flugzeugfenster auf dem Weg zu Meetings an der Westküste kennen (und nie anders zu erleben wünschen). Und schließlich belächelten wir Kalifornien – das Land, über das der New Yorker Schauspieler Alan Alda einmal bemerkte, die ewige Sonne dort mache unfruchtbar. Wie gut, ätzten meine New Yorker Bekannten, dass alle, die Kalifornien toll finden, dort auch leben.

Ich flog ein paarmal nach L. A., meist für Interviews mit irgendwelchen Filmgrößen. Der erste Eindruck, wenn man aus dem

Flughafengebäude trat, war immer: Ich bin zu warm angezogen. Zu warm und zu schwarz. In Kalifornien tragen selbst erwachsene Männer Blümchenhemden und gehen in Beinbekleidung einkaufen, die New Yorker für Unterhosen halten. Junge Mädchen spazieren in Dessous und Superminis über Parkplätze (einen anderen Grund, zu Fuß zu gehen, als den, sein Auto zu holen, kennen sie nicht), und wenn es Winter ist, tragen sie dazu Lammfellstiefel. (Touristinnen erkennt man an den Feinstrumpfhosen. Kalifornierinnen würden so was lieber über den Kopf ziehen als über ihre sorgfältig enthaarten und gebräunten Beine). Weitere Ost-West-Kulturschocks: Auf den Straßen hört man statt des Stakkato-Klackens von High Heels das Schmatzen nackter Füße in Flip-Flops, und wer bei Rot über die Ampel geht – der Lieblingssport, nein: die Hauptbeschäftigung aller New Yorker –, wird angefunkelt, als hätte er gegen das Gucci-Schaufenster am Rodeo Drive gepinkelt. In Möbelgeschäften lachen die Sofas in Gelb und Rosarot, und sind sie in dumpfem Braun, heißt der Stil »Manhattan«.

Ich fuhr im Mietwagen zu meinen Terminen und sehnte mich nach New Yorks Himmelfahrtsfassaden. L. A. ist bekanntlich flach wie eine Flunder. Eine konturenlose, nicht enden wollende Reihung von Straßen und Wohnhäusern und Malls und Tankstellen, die von der Küste aus landeinwärts quillt wie ein gigantischer, in der ewigen Hitze zerlaufender Schmelzkäse. Ende der neunziger Jahre hing noch dichter Smog über der Stadt, sodass die umliegenden Bergketten im Dunst versanken. Ich weiß noch genau, wie ich, kurz nach dem Umzug in den Westen, einmal auf dem Highway Richtung Hollywood fuhr und plötzlich schneebedeckte Gipfel erblickte. Ein richtiges Skifahrer-Panorama, gleich hinter den paar Hochhäusern von Downtown. So klar und deutlich, als wäre es ein Spezialeffekt.

L. A. ist »fake«. Sagen die New Yorker. Wahrscheinlich sagen das auch die Leute von Nebraska und Idaho, aber die meinen es als Kompliment – die Künstlichkeit von »La-La-Land« ist wahrscheinlich immer noch aufregender als die echte Langeweile rund um ihre Mais- und Kartoffelfelder. New Yorker gelten landesweit als *rude*, also ungehobelt – und sie sind stolz drauf, weil ihre Schnoddrigkeit wenigstens ehrlich ist. Sagen sie. An der Westküste hingegen sei alles falsch. Die Zähne, die Haarfarbe (oben wie unten), die Freundlichkeit. Mehrstöckige Villen, die an italienische Paläste erinnern, sind aus Sperrholzplatten zusammengetackert. Und die tropischen Gärten, die sie umgeben, entspringen nicht etwa einer Neigung der kalifornischen Flur, sondern sprießen, weil sie von Millionen Litern Wasser dazu gelockt werden – Wasser, das kostspielig aus den umliegenden Bundesstaaten importiert wird. Das Paradies ist in Wahrheit eine Wüste, so wie Pamela Anderson in Wahrheit eine Brünette ist.

Wie ich also nach L. A. kam? Zögerlich. Ich hatte Angst, so weit da drüben zu vereinsamen. Neun Stunden Zeitunterschied! Du bist beim Frühstückskaffee, und deine Freunde in Deutschland machen sich auf in den Feierabend. Ein nicht unbedingt amerikafreundlicher Kollege verwies mahnend auf eine – von ihm selbst erstellte – Statistik. Sie besagte, dass auffällig viele Bekannte, die Jahre ihres Lebens in Kalifornien verbracht hatten oder dort noch lebten, einen an der Waffel hatten. »Die Erfindung des Hula-Hoop-Reifens ist kein Zufall, sondern Symbol«, sprach er. »Denn: Um nichts kreist der Kalifornier lieber als um sich selbst!« Ich sah mich durch schiere Anpassung schon in Gesprächs-, Gestalt- und meinetwegen Urschrei-Therapie getrieben; einzig nicht in Paar-Therapie, denn L.A. mit seinem Gaga-Filmvolk stellte ich mir, was Männer anging, so ergiebig vor wie Greenwich Village am Tag der Christopher-Street-Parade.

»Was halten die Deutschen eigentlich von Kalifornien?«, fragte neulich Tom.

Es war warm, die Sonne schien, und um die dicken Blüten meiner Hibiskusbüsche surrten Kolibris. »Viele glauben, es sei ein Paradies«, sagte ich.

»Es ist die Hauptstadt des Glamours!«, hatte einer meiner Chefredakteure einst gedrängt. »Da spielt die Musik!« Er selbst spielte Orgel, in seiner Freizeit, und trug im Büro beichtschwarze Anzüge, und während sein ernster, wie vom zu vielen Notenlesen erschöpfter Blick auf mir lastete, sah ich über seinem Kopf eine riesige Gedankenblase: Wieso willst du denn nicht, du blöde Kuh?! Ich tippte bockig in meine Antwortblase: NEW YORK! NEW YORK! NEW YORK!

Jahre später, ein anderer Chefredakteur. »Du musst dir diese Verrückten doch mal vor Ort ansehen«, sagte er gemütlich.

Und so saß ich im August 2005 wieder mit Übergepäck und neuem Visum in einem Flugzeug nach Amerika.

Und diesmal kam alles ganz anders.

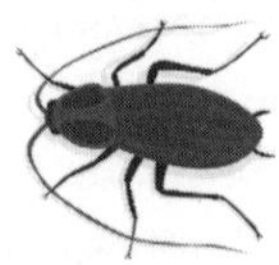

»Ich bin in New York City geboren«, sagt Tom. »Aber ich könnte niemals zurück.«

»Warum? Wirst du dort gesucht?«

»Sehr witzig. Wegen des Wetters«, erwidert er indigniert. »Diese entsetzliche Kälte. Ich brauche Sonne und fünfundzwanzig Grad, damit sich mein Genie entfalten kann.«

»Ich habe kürzlich einen englischen Schauspieler getroffen, Hugh Laurie. Er sagt, die ewige Sonne hier in Kalifornien kann einem ganz schön aufs Gemüt schlagen.«

»Soll er doch nach England zurück, der Schwachkopf.«

»Tom, wie unhöflich.«

»Ich bin nicht unhöflich. Ich bin New Yorker.«

NO SCHWITZING

Zu den größten Kuriositäten meiner künftigen Heimat – das fiel mir erst wieder ein, als ich in der Flughafen-Ankunftshalle auf ein fabelhaft ausgeleuchtetes Porträtfoto von ihm stieß – zählt natürlich, dass die – vorwiegend demokratisch gesinnten – Kalifornier einen Republikaner zu ihrem Gouverneur gewählt haben, der Ausländer ist, als »Steirische Eiche« bekannt und durch entsprechend hölzerne Darbietungen vor der Kamera zum Star geworden war; dessen Jugendfotos ihn beinahe ausschließlich im Minischlüpfer zeigen und der den Namen ihres Staates so verhunzt wie sie seinen vermurksen. Karli-for-niah. Schworssenegger.

Ich fühle mich ihm fest verbunden. Immerhin ist er derjenige, der mich mit George Clooney zusammengebracht hat. Nicht, dass er sich erinnerte. Geschweige denn George Clooney.

Aber Tatsache ist, dass Arnold Schwarzenegger – der Mega-Star aus Hollywood – im Sommer 1997 seinen Geburtsort Thal bei Graz in der Steiermark besuchte und einen dort weitgehend unbekannten und nicht mehr ganz so jungen Schauspieler namens George Clooney mitbrachte. Die beiden hatten einen Film zusammen gedreht, in dem Clooney die Haupt-, sogar Titelrolle spielte und Arnold einen Bösewicht, also traditionell eine Nebenrolle. Von solchen Haarspaltereien schienen aber weder Österreich noch Schwarzenegger etwas zu halten: Arnolds Ankunft war ein Großereignis. Ein Staatsbesuch. Und nebenher Werbung für einen kostspieligen Hollywood-Film. Hauptdarsteller und Regisseur des Werkes – Titel: Batman und Robin – taperten im Gefolge von Austrias berühmtestem … okay, Austrias erfolgreichstem Sohn von Empfang zu Pressekonferenz, von Fototermin zu Cocktailparty. Niemand kümmerte sich um das Begleitprogramm aus Amerika, wichtig war nur Arnold. Die

Stadträte von Graz – so stellte ich es mir immer vor – hatten monatelang gegrübelt, was sie ihrem Weltstar als Dankeschön für seinen großzügigen Besuch schenken könnten. Der Mann hatte ja alles! Ein eigenes Flugzeug, Pferde, haufenweise Autos – ein Kistchen Kürbiskernöl käme da recht sparsam rüber. Und so entstand die Idee vom Stadion.

Wir Journalisten bekamen damals eine Führung zum Geburtshaus des Meisters, machten einen Abstecher in Arnolds alte Muckibude und stiefelten ins brandneu errichtete, noch nicht mal offiziell eröffnete – ta-dah! – Arnold-Schwarzenegger-Stadion. Vorneweg auf dem Grün natürlich der Namensgeber, umgeben von Kameras, Reportern, Grazer Honoratioren, aufgeregten Fans. Im Mittelfeld konditionsschwächere Stadträte und ein paar Fotografen, die zurückgefallen waren, weil sie gerade ihre Filme auswechselten. Und in der Tiefe des Raums – George Clooney und ich.

Ich hatte ihm nicht aufgelauert. Ich schwöre, ich wollte Arnold in der Menge beobachten; im Gegensatz zu dem, was Hollywood aus uns macht, sind wir Journalisten nämlich nicht unablässig daran interessiert, unsere Mikrofone in anderer Leute Poren zu bohren und sie mit hysterischen Fragen zu bebrüllen. Manchmal bringt ein Schritt zurück ganz neue Perspektiven. Manchmal braucht es mehrere Schritte. Manchmal ein halbes Fußballfeld. Ich landete jedenfalls direkt neben diesem dunkelhaarigen Mann im sportlichen Anzug, den ein Kollege auf der vorangegangenen Pressekonferenz unbekümmert mit »Mister Kuhni« angesprochen hatte.

Armer Mister Kuhni. Beinahe jede Frage hatte sich an Arnold gerichtet, und landete eine mal bei ihm, so lautete sie: Wie war es eigentlich, mit Arnold zu arbeiten? Einzig die Sache mit den Brustwarzen trieb einige Pressemitglieder um – Clooney trug im Film als Batman ein optisch verschärftes Fledermauskostüm, aus dessen Oberteil steile Gumminippel staken. Ob das nicht ein bisschen – gewagt sei? Da grinste der schöne Mann aus Hollywood und scherzte, gewiss habe man das homoerotische Verhältnis von Batman und Robin noch nie so explizit angedeutet wie in diesem Film. Gelächter. Nächste Frage? »Arnold, bist froh, wieder in Graz zu sein?«

»Haben Sie geahnt, was auf Sie zukommt?«, fragte ich. Clooney war größer als ich – nur wenige Schauspieler in Hollywood toppen eins fünfundsiebzig – und schaute einen beim Sprechen direkt an, als kommuniziere er tatsächlich mit Vertretern einer bekannten Lebensform (seine Kollegen leben meist auf ihrem eigenen Planeten). Er steckte die Hände in die Hosentaschen und warf einen anerkennenden Blick auf die Tribünen. »Sie meinen das Stadion? Toll«, sagte er.

»Nein, ich meine den ganzen Wirbel. Arnold in Österreich, das ist wie: Der Papst kommt.«

Clooney lachte in sich hinein; er wirkte wie jemand, der unversehens in eine Komödie hineingeplumpst war und selbst die albernsten Szenen noch genoss. »Arnold ist Gott!«, verbesserte er ironisch, während der Tross vor uns sich zu einem Rund formte, in dessen Mitte Gott zu einer kleinen Rede ansetzte. »Vielleicht widerfährt Ihnen eines Tages eine ähnliche Ehre«, plapperte ich, wobei ich versuchte, ihn nicht unentwegt anzustarren. »Ein George-Clooney-Stadion? Glaube ich kaum. Nach mir«, sagte er, »wird höchstens mal eine Würstchenbude benannt.«

Eine dunkel gewandete junge Frau schob sich zwischen uns. Sie trug ein »Headset«, also diese an den Kopf montierten Telefone, auf die alle PR-Leute in Hollywood abfahren, weil sie damit aussehen, als arbeiteten sie für den Geheimdienst und hätten die Lizenz zum Journalistentöten. Sie war die ganze Zeit schon wispernd zwischen Regisseur Joel Schumacher und den beiden Schauspielern herumgeschwirrt. Jetzt nahm sie Clooney ungefragt am Ärmel und zog ihn weg von mir. Weg von mir! Einfach weg.

So begann und endete, etwa in derselben Minute, unsere erste Begegnung.

Heute, eine Dekade später, ist Arnie »Mr. Governor, Sir« und George Oscar-Preisträger. Heute plant Schwarzenegger nicht mehr Film-PR-Touren, sondern das Milliarden-Budget für Amerikas bevölkerungs- und einflussreichsten Bundesstaat. Und Clooney könnte heute gefahrlos keine Straße mehr, geschweige denn einen Rasen überqueren, weil sich ihm Frauen jeden Alters vor die Füße schmissen.

Der Mann aus Old Europe, der als »Terminator« Mitte der achtziger Jahre zum Mega-Star aufstieg, tönt dieser Tage charakteristisch selbstbewusst, dass er keinen »Big Daddy« brauche, um zu wissen, wo's langgeht – er meint den Landesvater im Weißen Haus. Und der Mann aus Kentucky, der über sich selbst spottet, er habe die Erfolgsmarke Batman in Grund und Boden gespielt, wird als politisches und moralisches Gewissen von Hollywood gefeiert.

Sie könnten unterschiedlicher nicht sein – Schwarzenegger ist direkt, getrieben, Hochleistungs-Performer aus Narzissmus, Leader aus Lust. Clooney dagegen ein lässiger Spieler, distanziert gegenüber der Power-Maschine in Hollywood sowie der in Washington und immer bereit, sich selbst nicht ganz so ernst zu nehmen, damit der Blick frei bleibt für wirklich wichtige Dinge. Doch beide verkörpern, was an Amerika immer wieder verblüfft und begeistert: den Willen und den Mut, sich gegen Widerstände und Schwarzseher durchzusetzen. Die Leichtigkeit, mit der man über sich selbst lachen kann. Die Freude am Erfolg – dem eigenen wie dem anderer Leute.

»Ich bin nach Amerika gezogen«, sagt meine deutsche Freundin Petra, »weil ich dieses ewige NEIN nicht mehr hören konnte.« Sie arbeitet in L. A. als Immobilienmaklerin. Früher hat sie Filme geschnitten: Sie war Cutterin bei Ingmar Bergman, Willi Bogner und Nick Cassavetes. Aber eines Tages hatte sie es satt, »immer allein im Dunkeln zu sitzen«, und stürzte sich in den – bis vor Kurzem noch florierenden – amerikanischen Häusermarkt. Man stelle sich vor: Eine Frau jenseits der vierzig – erfolgreich in ihrem Beruf, versiert und erfahren – schmeißt hin und will etwas ganz Neues anfangen.

Reaktion in Deutschland: Um Gottes willen! In deinem Alter! Hast du dir das auch gut überlegt? Denk an deine Rente! Was für eine Schnapsidee. Du hast doch was ganz anderes gelernt. Mach's bloß nicht. Und wenn es dir dann ganz ganz schlecht geht, denk an mich. Ich hab dich gewarnt.

Reaktion in Amerika: Wow! Wie aufregend! Das wird dir gut tun. Wie glücklich du aussiehst! Du kannst so gut mit Menschen umgehen, du hast ein Händchen dafür. Das wird wunderbar! Ich drück dir die Daumen! Und wenn du Hilfe brauchst, sag Bescheid!

Dieser ewige Optimismus, sagen die Freunde in Deutschland, kann einem ganz schön auf den Wecker gehen. Amerikaner seien naiv. Oberflächlich. Erzählen dir gleich nach dem ersten Hallo, dass sie Ess-Brech-Sucht haben und dank Viagra formidablen Sex. Aber deinen Namen haben sie schon wieder vergessen. Und der »American Spirit« sei ein Mythos. In den USA gäbe es auch nicht mehr Träumer, Spinner, Sich-Selbst-Erfinder, Erfolgstypen, Self-Made-Millionäre und selbsternannte Stars als anderswo. Ja, stimmt schon, sage ich dann ernüchtert und bin ein bisschen deprimiert. Das ist der German Spirit.

Vor einigen Monaten sah ich Arnold Schwarzenegger wieder. Den gefühlten Kalifornier (das ist die überzeugteste Sorte). Aus seinem Produktionsbüro in Santa Monica, einem Strandviertel von L. A., war eine Filiale der kalifornischen Regierung geworden. Immer noch stand ein lebensgroßes »Terminator«-Modell am Eingang. Aber gleich daneben wartete ein Bodyguard. Ein echter. Und zwischen all den Requisiten und Film- und Premierenfotos an den Wänden war seit Schwarzeneggers Wahlsieg im Jahr 2003 Staatstragendes positioniert: Arnold mit Bush, Arnold auf dem Parteitag der Republikaner, Arnold Hände schüttelnd mit Würdenträgern rund um den Globus.

»Ich verdanke Amerika alles«, sagte der Gouverneur. Er sprach über die bevorstehenden Wahlen, seinen Präsidentschaftsfavoriten John McCain und ohne Bedauern über die Tatsache, dass die US-Verfassung seine eigene Kandidatur untersagt, weil er nicht auf amerikanischem Boden geboren ist. Dass er den »Job« machen könnte, stand für ihn außer Frage: »Ich würde sofort aufräumen!« Aber sich sorgen über etwas, das doch nicht zu ändern ist, hielt Schwarzenegger immer schon für Zeitverschwendung. »*No sweat*, kein Problem«, sagte er breit grinsend und fügt in seinem noch breiteren Ösi-Englisch an: »Ich glaube ans No-Schwitzing-Prinzip!«

Ein glücklicher Mann.

Als ich im August 2004 nach fünfzehn Stunden Flug und Warterei blinzelnd ins Freie trat, war mir eher nach Schwitzing zumute. Tja, Kalifornien. Here I am.

»Ich brauche nicht viel«, sagt Tom. »Ich bin nicht wie meine Landsleute. Die brauchen von allem zu viel und immer mehr, immer mehr. Meine Nichte braucht allein drei verschiedene Produkte, um sich die Haare zu waschen! Ich lebe eigentlich nur von Obst und kosmischer Energie.«

»Und dem, was du in meinem Kühlschrank findest.«

»Ich bin ein Kind der Sixties! Wir glauben nicht an Besitzstand und Grenzen. Ich bin ganz eins mit der Natur. Hat der Kojote ein Portemonnaie? Braucht der Bussard Kleingeld?«

»Tom, Hippies sind ausgestorben.«

»Siehst du, weil es uns nicht mehr gibt, hat Amerika keine Freunde mehr in der Welt«, sagt Tom.

SCHWARM-ZEIT

Meine erste Nacht verbrachte ich mit acht Trillionen Ameisen.

Ja doch. George Clooney wäre mir lieber gewesen. Den Ameisen wahrscheinlich auch. Aber ich kann mich nicht wirklich beklagen: Das Häuschen, das wir uns vorübergehend teilten – ich zur Miete, die Ameisen als Inventar – lag nah am Meer, in einer wunderbar kitschigen Gegend in Venice, dem südlich von Santa Monica gelegenen Strand-Stadtteil von L. A.

Venice ist tatsächlich eine Hommage ans echte Venedig: Ein offenbar hochromantischer Unternehmer hatte Anfang vergangenen Jahrhunderts Kanäle ausgehoben, Brückenbögen darüber gebaut und sogar zwei Dutzend Gondolieri importiert, echte singende Italiener, fürs O-sole-mio-Feeling. Das Ganze ist in etwa so authentisch wie das Venetian-Casino in Las Vegas und entspricht typisch amerikanischem Pragmatismus: Wozu sich von dieser komischen fremden Währung, von zu kurzen Betten und Hotelzimmern ohne Bad und Oprah-Winfrey-Show frustrieren lassen, wenn man sich Old Europe so schön selber basteln kann?

An schlechten Tagen muffelt es aus den Kanälen etwas entengrützig, an guten – und eigentlich gibt es in Kalifornien ja nur solche – sitzen die Venezianer in ihren winzigen Gärten und grillen, während Spaziergänger und fette Wasservögel auf den Uferwegen vorbeiflanieren.

Gleich hinter dem Entenparadies kommt der Pazifik. Die Fenster der Häuser in der ersten Reihe sind permanent mit Salz verkrustet, Teppichböden riechen nach Brackwasser, und Holzmöbel verformen sich wie Marshmallows in der allgegenwärtigen immerfeuchten Brise. Hollywood-Stars wie Julia Roberts wohnen in der Gegend – Venice kann irrsinnig pittoresk sein. Und gleichzeitig eine sinistre Touristenfalle. Ziemlich offen werden auf dem Strandweg Drogen verkauft, während sich ein Stück landeinwärts, am Abbott-Kinney-Boulevard, Boutique an Galerie reiht, dazwischen teure Restaurants und ebensolche Lädchen für Designer-Badesalz, Hundekuchen und antike Möbel.

Einmal traf ich hier, zum Frühstück in einem Straßencafé, den Schauspieler Elijah Wood, der den sorgenvollen Hobbit Frodo in der Herr-der-Ringe-Trilogie gespielt hatte. Er war gerade nach Venice gezogen und genoss das völlige Desinteresse seiner Nachbarn an Berühmtheiten. Ob die Gleichgültigkeit echt war oder gespielt, das war ihm egal. Als er noch in Hollywood gewohnt hatte, erzählte er, sei er einmal mit seiner Schwester einkaufen gefahren, und die ganze Zeit habe sie ein dunkler Van mit verspiegelten Scheiben verfolgt. Als die beiden einen Laden verließen, sprang die Wagentür des Vans auf, und ein Fotograf mit armlangem Zoom knipste drauflos wie der Teufel. »Erstens hat er nicht gefragt, und zweitens: Was für ein blödes Bild«, sagte Wood und runzelte die Kinderstirn über den berühmten blauen Telleraugen. »Paparazzi sind die Pest. Aber das Gute ist, wenn du ihre Reviere kennst, kannst du sie vermeiden.«

Die Reviere der Paparazzi? Es sind natürlich die der Stars. Im Grunde betreiben die Jungs »Whale Watching«: Sie studieren die Gewohnheiten und das Paarungsverhalten der großen Tiere und erhöhen somit ihre Chancen, eines von diesen mal auftauchen zu sehen. Ein bestimmter Abschnitt des Robertson-Boulevards in Beverly Hills zum Beispiel gilt als todsicheres Prominententerrain. Dort befindet sich das Restaurant Ivy , auf dessen zur Straße hin gelegener Terrasse sich so viele Menschen hinter dunklen Brillengläsern verstecken, dass es nur noch eine Frage der Zeit sein dürfte, bis sie von Astronomen zum schwarzen Loch deklariert wird.

In den umliegenden Designer-Läden (das Paar Gummibadelatschen für neunundsiebzig Dollar; nur so als Eindruck) shoppt

Young Hollywood. Einmal sah ich eine dürre kleine Frau mit riesiger Sonnenbrille aus einer am Straßenrand haltenden Limousine in eine Boutique schlüpfen. Ich stand zufällig davor, wahrscheinlich pinkelte gerade mein Hund an den Strommast. Binnen Sekunden waren wir von klickenden Kameras umgeben. Die Fotografen hatten alle in der Nähe gelauert, die Jacken verbeult von Tele-Objektiven.

»Was ist denn los?«, fragte ich so harmlos, als käme ich gerade vom Melken.

»Nicole«, schnaufte einer. Sie drängelten sich vor den Schaufenstern und durften nicht rein, wie Vampire aus dem gleißenden Licht der Prominenz verbannt.

»Kidman?!«, rief ich begeistert. Wie klein sie ausgesehen hatte! Wie verhuscht!

Der Fotograf – ein Typ mit langen Haaren und verrauchter Haut, eigentlich recht alt für seinen aufreibenden Job – nahm sich tatsächlich Zeit, mir einen verächtlichen Blick zuzuwerfen. »Richie«, warf er noch hinterher wie einen nassen Lappen. Ich war enttäuscht. So ein Theater wegen Nicole Richie? Es musste schlecht um sie stehen.

Amerikas bunte Blätter sind per se nicht rasend interessiert an shoppenden Starlets mit So-lala-Talent und hübschen Beinen – davon gibt es in Hollywood mehr als Ameisen in Venice. Da reißt sich keine Redaktion um Fotos, dafür setzt sich kein Paparazzo ins Gebüsch. Aber Starlets in Nöten – sagen wir: zu dick, zu dünn, betrunken am Steuer, auf Koks oder tief deprimiert, beim Klauen oder Fremdgehen erwischt, gefeuert, geschwängert, einfach *totally fucked up*: Hey, das wird immer gern genommen, da wird die Dimension des Problems mit dem mangelnden Bekanntheitsgrad oder der fehlenden Begabung verrechnet. (Faustregel: Eine Angelina Jolie im Steakhaus entspricht etwa einer Paris Hilton im Gefängnis.)

Die kleine Miss Richie hatte demnach ihre – medial – größte Zeit, als sie abgemagert war auf ihr eigenes Röntgenbild und gleichzeitig im Zoff lag mit eben jener Paris Hilton; Paparazzi-Schüsse von ihren freigelegten Knochen begleitet von Bosheiten aus Hiltons Mund nährten die Klatschindustrie über Monate. Und das Monster muss gefüttert werden: Amerikas Welt des Boulevards – angeführt von Illustrierten wie US Weekly, Fernsehshows wie Access Hollywood und Webseiten wie TMZ.com und PerezHilton.com – braucht Stoff, braucht wöchentlich, täglich, manchmal stündlich neues Material. Ganz schön stressig, die kontemporäre Popkultur. Womit Liz Taylor einst über vier, fünf Dekaden die Öffentlichkeit fesselte (Ehemänner! Ehebrüche! Krankheiten! Suff!), das bringen Hollywood-Starlets unter Dauerbeobachtung der Medien heute in ein paar Monaten hinter sich – Blitzehen, Skandale, Zusammenbrüche. Und obschon es tiefe Stürze gibt, bleibt doch alles seltsam flach – es summieren sich Geschichten vom *poor little rich girl* Lindsay Lohan, die ihr schnelles Leben nicht im Griff hat, von Britney Spears, der Tragödin des *white trash*, von Farrah Fawcetts Kampf gegen den Krebs und Mel Gibsons Kampf mit dem Alkohol zu einem endlosen, hysterischen Groschenroman. Heute high, morgen tot, und Mischa Barton hat Cellulite, alles die gleiche Sensation.

»Es steht so viel Mist in den Medien«, brach es aus Kevin Costner einmal während eines Interviews über einen seiner Filme hervor. Und schlagartig nahm das Gespräch eine Wendung ins Drastische. Es fiel das Wort »Arschlöcher«. Der nicht eben für seine Temperamentsausbrüche bekannte Schauspieler war wütend, weil ihm in englischen Zeitungen eine Affäre unterstellt wurde, die er sich mitten auf der Hochzeitsreise mit seiner zweiten Gattin geleistet habe. »Niemand wagt es, mir so etwas ins Gesicht zu sagen«, knurrte er. »Aber sie schreiben es, weil sich damit Geld verdienen lässt.«

In der Tat ist die Klatschindustrie eine florierende Branche, in der sich manchmal mit einem einzigen guten Schnappschuss ein Batzen Geld verdienen lässt (das erste gemeinsame Foto von

Angelina Jolie und Brad Pitt an einem Strand in Kenia bescherte seinem Schützen im Jahr 2005 eine halbe Million Dollar). Aber ihrem schlechten Ruf zum Trotz – vorwiegend unter Besserverdienenden – sind Paparazzi und Entertainment-Reporter nicht die Kritiker oder gar Saboteure der Stars, über die sie berichten: Letztendlich bilden sie eine große, nicht immer intakte Familie, in der eine Hand die andere nicht nur wäscht, sondern auch eincremt und manikürt. PR-Leute platzieren gezielt Gerüchte in genau den Redaktionen, die sie offiziell für pfui halten, Stars informieren Paparazzi über bevorstehende Ivy-Besuche, Reporter wiederum legen den PR-Leuten ihre Star-Porträts zum Gegenlesen vor, und Interviews vor laufender Kamera werden bis ins Detail vorher abgesprochen, als wär's – nein, es ist ein Theaterstück! Ein Trauerspiel, manchmal. Aber meistens eine Komödie.

»In der Straße wohnt einer, der bei Baywatch mitgespielt hat«, erzählte meine künftige Vermieterin, als ich mir an einem heißen Sommernachmittag ihr Haus in Pacific Palisades ansah. Es lag an einer Straße, die geradewegs aufs Meer zuführte und an steilen Klippen endete, zu deren Füßen der Pacific Coast Highway rauschte, gleich neben dem ebenfalls rauschenden Blau. Wenn man sich am Gehweg vor dem Häuschen auf die Zehenspitzen stellte, konnte man, wenn gerade kein Seenebel darüber lag, den Pazifik sehen. Ich war aufgeregt. Ein Haus am Meer! Fast. Am Straßenrand wogten Palmen. In den Kronen saßen kleine grüne Papageien. Sie kreischten; es klang, als schimpften sie über Paparazzi.

»Er steht immer in roter Badehose im Vorgarten«, fügte die Vermieterin hinzu, »also leicht zu erkennen.« Sie war Künstlerin und dementsprechend herablassend, was die Promi-Dichte ihres Stadtteils anging. Sie hielt den musikalischen Direktor des Los Angeles Philharmonic Orchestra für eine Touristenattraktion, hätte aber David Hasselhoff nicht erkannt, wenn es ihn im

Rettungsring direkt vor ihre Füße spülte. Weil ihr Mann an der Stanford University forschte, zog sie nun nach Nordkalifornien – zwei jüdische Intellektuelle, nicht nur für hiesige Verhältnisse weit gereist (die meisten Amerikaner besitzen nicht einmal einen Pass), belesen, kulturbeflissen.

»Sind Sie aus Berlin?«, fragte sie aus der Tiefe eines Umzugskartons, in den sie Pinsel und Farbtöpfe packte. Alle Amerikaner, die ich kenne, finden Berlin toll. Selbst wenn sie noch nie dort gewesen sind. Oder vielleicht gerade dann. »Macht nichts«, sagte sie enttäuscht, als ich verneinte. »Sie sind Journalistin? Hier, lesen Sie. Das hat die Los Angeles Times über mich geschrieben.« Sie drückte mir eine Zeitung in die Hand. Pam war tatsächlich semi-berühmt. In bestimmten Kreisen. Aber wer ist das nicht in dieser Stadt.

In Pacific Palisades wohnen in der Tat viele Stars, von Repräsentanten des Old Hollywood wie Steven Spielberg bis zu jungen »Hot Shots« wie Emile Hirsch. Trotzdem ist der Bezirk ein bisschen wie Venice, Paparazzi tauchen selten auf. Hin und wieder wird Jennifer Garner mit Kind auf dem Spielplatz »abgeschossen«, und manchmal findet sich im Star Magazine ein Foto von Goldie Hawn in einer der sündhaft teuren kleinen Boutiquen im »Dorf«, dem Zentrum des Viertels. Deutsche Emigranten wie Lion Feuchtwanger lebten einst in diesen malerischen Berghängen. In Feuchtwangers ehemaliger Villa – mit traumhaftem Meerblick, ganz ohne strecken – veranstaltet das Goethe-Institut heute Lesungen und Empfänge, etwa zur Oscar-Zeit, wenn deutsche Filme nominiert sind. Umfangreiche Delegationen anzugtragender Filmförderungsfachleute reisen dann an und stehen glücklich auf der Terrasse der »Villa Aurora«, ganz schwindlig vom Jetlag und vor Aufregung und vom Sonnenschein auf ihren winterbleichen Stirnen.

Im Grunde sehen die Palisades aus wie das Vorort-Idyll im amerikanischen Kino (es wird oft genug dort gedreht): messerscharf geschnittene, satt gewässerte Rasen vorm Haus, die

Straßen gesäumt von Palmen, geleckte Villen, Kinderfahrräder in der Einfahrt, ein Labrador hinterm Zaun und mexikanische Nannies, die blonde Babys ums Karree schieben, in Buggys, so teuer wie mein Auto. Ich war die Einzige in der Straße, die zur Miete wohnte. Ich war die Ärmste. Das ist nicht kokett gemeint. Ich war die Ärmste, weil alle um mich herum Millionäre waren.

Andrew und seine Frau wohnten zwei Häuser weiter in Richtung Meer; eine geräumige Villa mit Pool und dem unvermeidlichen Jacuzzi. (Amerikaner lieben es, sich gemeinschaftlich in leibwarmer Flüssigkeit aufweichen zu lassen; sie brauchen jahrelang, bis sie sich trauen, ihre Freunde auf die Wange zu küssen, aber teilen jederzeit mit ihnen das Badewasser.) Einmal lud er mich zu seinem Grillfest am Memorial Day ein – das ist der letzte Montag im Mai, an dem die Nation den inoffiziellen Sommerbeginn feiert, und zwar traditionell unter Rauchschwaden vom Barbecue. Als ich das Haus bewunderte, grinste er und sagte: »Air Force One hat das bezahlt.« Andrew arbeitet nicht im Pentagon, sondern als Drehbuchautor, und dieser Thriller mit Harrison Ford war sein größter Filmerfolg.

Jeden Abend sah ich Licht in seinem Schreibzimmer unterm Dach. Kalifornier gehen früh ins Bett, Partys enden meist Schlag zehn Uhr. Andrew aber saß an seinem Schreibtisch. Unermüdlich. Dachte sich Geschichten aus für Hollywood. Einmal hatte er einen Film für Arnold Schwarzenegger geschrieben – eine krude Actionstory, in der der Teufel die Weltherrschaft übernehmen will. Andrews Lieblingsstelle – mit ihr verkaufte er die Filmidee an seine Produzenten – war der Spruch eines wackeren Polizisten, der dem Teufel ins finstere Auge blickt und brüllt: Zurück zur Hölle mit dir! Da in Andrews kühnsten Träumen immer Schwarzenegger den Polizisten spielte, konnte er den Ruf gar nicht anders wiedergeben als in breitestem Ösi-Englisch. Es war jedes Mal, erzählte er stolz, ein großer Lacher.

Einmal saß er in einem Restaurant und schilderte einem Studio-Manager die Szene, da rief der prompt Schwarzenegger herbei, der zufällig im selben Lokal war. Arnold, hör dir das mal an, eine super Story für dich! Und zu Andrew, aufmunternd: Schieß los! Andrew bekam einen roten Kopf. Er konnte ja schlecht vor Arnold Arnold nachäffen. Also ließ er beim Erzählen den Dialekt weg. Und keiner reagierte. Keiner lachte. »Finde ich eine ganz lustige Stelle«, sagte Schwarzenegger schließlich. »Go back to hell!« Goh. Bäck. Tuh. Heeell. »Und da grinsten alle«, sagte Andrew glücklich. »Arnold hat mich gerettet.« Er pflegte an der Stelle zu erwähnen, dass sein Hund Oscar heißt – wohl seine einzige Chance, »einen mit nach Hause zu bringen«.

In der Zeit, die ich in den Palisades verbrachte, arbeitete er an einem weiteren Film für Harrison Ford. Es ist ein mühseliges Geschäft, sagte er. Du musst ständig umschreiben, neu schreiben, noch mal schreiben. Es kann Jahre dauern. Und dann doch nichts werden. Hollywood ist nicht glamourös, sagte er und lachte, aber nur ganz kurz. Hollywood ist grausam.

Als ich vom Memorial-Day-Grillfest nach Hause kam und in der Küche das Licht anknipste, waren die Steinfliesen übersät von seltsam knopfäugigen Fliegen. Sie quetschten sich aus winzigen Löchern im Holzrahmen der Küchentür, rieselten weich zu Boden, taumelten flatternd umher. Termiten, klärten mich meine Nachbarn auf. Es war gerade Schwarm-Zeit. Sie sitzen das ganze Jahr als kleine Maden im Holz und fressen, sagten die Nachbarn gleichmütig, und dann schlüpfen sie, und sobald ihre Flügel getrocknet sind, fliegen sie ins nächste Haus. Weiterfressen.

»Ja, aber warum baut ihr denn dann alles aus Holz?«, fragte ich fassungslos.

»Wegen der Erdbeben«, sagten sie geduldig. »Dann fallen dir keine Steine auf den Kopf.«

Ich rief Pam, die Vermieterin, an. »Es sind Termiten im Haus!«

»Ach, die kommen aus dem Boden. Das sind Erdtermiten«, sagte Pam und gähnte.

»Mag sein. Aber jetzt sind sie im Haus und fressen es auf.«

»Kauf Insektenspray«, sagte Pam und legte auf.

Und so sprühte ich. Andrew schrieb, Arnold regierte, Nicole Richie ging shoppen, ich sprühte. Und die Termiten holten sich, wie wir alle, ihr Stück von Amerika.

Ich fahre Tom – der kein Auto hat – zur Bushaltestelle am Sunset Boulevard. An der Ampel hält ein quietschgelber Wagen neben uns, die Beifahrerin ruft aus dem Fenster: »Entschuldigen Sie, kennen Sie den Weg zur Playboy-Villa?«

»Klar«, sagt Tom rasch. Es ist eine hübsche Blonde. »Am Sunset die erste rechts, dann links die Straße runter, da ist der Haupteingang.«

Der quietschgelbe Wagen, Nummernschild aus Arizona, braust davon. »Ach«, sage ich.

»Was?«

»Du kennst dich aber gut aus.«

»Jeder weiß das. Das ist Kulturgut«, sagt Tom.

Statt rechts abzubiegen zur Bushaltestelle, fahre ich links. Tom stutzt. Kulturgut! Ich kurve die schattige, gewundene Straße hinunter. Der Eingang zu dem Anwesen, das die ganze Welt als »Playboy Mansion«, als Hugh Hefners Garten Eden und gemauerte Männerfantasie kennt, liegt in der Kurve, ein hohes Gittertor am Ende einer Mauer. Dahinter Warnschilder: »Bremsen Sie für Tiere!«

»Häschen?«, sage ich und finde mich komisch.

»Pfauen«, korrigiert Tom. Was er alles weiß.

Das quietschgelbe Auto ist ein paar Meter vom Tor entfernt geparkt. Der Fahrer, ein junger Mann mit starrem Nacken, sitzt noch drin. Das Mädchen ist ausgestiegen. Links neben dem Tor ein glatter, runder Felsbrocken, das Mädchen steht gebückt davor. Als wir langsam vorbeirollen, hören wir den Felsen sprechen.

»Sie müssen Ihre Fotos schicken, und dann entscheiden wir, ob sie ins Magazin kommen oder nicht«, dringt eine höfliche, aber leicht genervte Männerstimme aus der Gegensprechanlage, die in den Stein montiert ist.

»Aber wenn ich doch schon da bin!«, ruft das Mädchen.

»Nein, Sie können nicht einfach hereinkommen und sich ausziehen, tut mir leid«, beharrt der Stein.

Ein Auto kommt uns entgegen. Zwei Frauen an Bord, es wird gehupt und gelacht, und aus dem offenen Fenster schallt: »Hallo, Hugh-iiiieeee!«

»Jetzt denkt sie wahrscheinlich auch noch, sie spricht mit Hugh Hefner«, sagt Tom, und es klingt fast ein bisschen besorgt.

SCHÖN GRÜN

Fünf Tage nach meinem Einzug sprudelte braunes Wasser aus dem Ablauf in der Dusche. Der Hahn in der Küche gurgelte und spotzte.

»Soll ich es mit Rohrreiniger versuchen?«, fragte ich meine Vermieterin.

»Bloß nicht!«, kreischte Pam ins Telefon. »Das zerstört die Rohre! Und wir alle in der Familie sind hochallergisch gegen Giftstoffe!«

Sie gab mir die Nummer des Klempners ihres Vertrauens. Als ich ihren Namen nannte, legte er auf. Beim dritten Versuch, erweicht von meinem deutschen Akzent und den Schilderungen der Brühe in der Duschwanne, versprach er widerwillig, jemanden zu schicken.

»Das sind die Palmen«, sagte der Klempner, nachdem er seine Mini-Kamera durchs Abflussrohr gezwirbelt hatte. »Die Wurzeln wachsen in die Rohre. Die ganze Stadt hat das Problem. Das muss alles neu gemacht werden, von hier bis zur Straße.«

Ich rief Pam an.

»Kauf Rohrreiniger«, sagte sie und legte auf.

Und so befand sich kurze Zeit später der zweite Haushaltsgegenstand in meinem Besitz, auf dem ein Totenkopf prangte. Ungerührt fraßen die Termiten weiter, trieben die Palmen Wurzeln aus. Al Gores Öko-Dokumentation »Eine unbequeme Wahrheit« war noch nicht gedreht, Arnold Schwarzeneggers Hummer-Kastenwagen noch nicht von Benzin auf Biodiesel umgestellt, und wenn Leonardo DiCaprio zu Hause schon Altpapier sammelte und beim Zähneschrubben den Wasserhahn zudrehte, so verlor er darüber kein Wort auf Pressekon-

EX
EX

ferenzen. In meiner Straße parkten SUVs von der Größe deutscher Einfamilienhäuser, und an der Supermarktkasse wurde alles ganz selbstverständlich – und umsonst, klaro – in Plastiktüten gesteckt. Aus alter Gewohnheit brachte ich einmal eine eigene Tasche mit; als ich sie dem Packer reichte, schaute er so angewidert hinein, als müsste er einem Känguru in den haarigen Beutel fassen. Kurz: Öko war noch nicht schick, Kalifornien noch nicht grün.

»Ich heize meinen Pool mit Sonnenenergie«, sprach stolz mein Nachbar, der schöne Perser. Das heißt, er wohnte eigentlich nicht nebenan, er war nur Chef auf der Baustelle – als ich einzog, gähnte dort ein Loch, vier Wochen später stand eine zweistöckige Villa aus Pressholz. Einmal stiefelte ich mit ihm durch den Rohbau; ich hörte irgendwann auf, die Zimmer zu zählen. »Persische Paläste« nennen die Los Angelenos diese Villen. Aus unerfindlichen Gründen befindet sich die Baubranche fest in der Hand von Iranern, und deren bevorzugter Stil oszilliert von »Gerade prächtig genug für den Schah« bis zu »Prächtiger, als der Schah erlaubt«. Säulen schmücken Marmoreingänge, Fontänenbrunnen sprudeln in Vorgärten, jedes Treppengeländer ist üppig verziert, und Kronleuchter hängen wie Starfighter über marmorgefliesten Sälen – Emanationen eines vorderasiatischen Horror vacui, vielleicht auch Trotzreaktion auf die Mullah-Revolte. In manchen Stadtteilen unterzeichnen aufgebrachte Bürger Petitionen gegen diese architektonischen Schlachtschiffe: Die könnten, klagen sie, durch schieren Pomp das Flair einer ganzen Straße zerstören. Meinem Nachbarn jedoch, dem schönen Perser, würde das niemals passieren. Das Flair unserer Straße hat er deutlich verbessert.

»Er sieht aus wie George Clooney«, gurrte die frisch geschiedene Australierin, die dem Perser die Villa schließlich abnahm. So funktioniert sein Geschäft: Er kauft alte, baufällige oder einfach kleine Häuser in begehrten Vierteln auf, reißt sie ab, stellt seine Paläste hin und wartet auf Kundschaft. Reiche Kundschaft. Am liebsten neureich, denn bei denen kann es gar nicht nobel genug zugehen. Mit der Australierin hatte er Glück, sie wollte obszön viel Geld fürs Wohnen ausgeben, weil ihr Ex bezahlen musste. »Er soll bluten«, sprach sie mit kaltem Lächeln. Mit Blut verdiene er schließlich auch seinen Lebensunterhalt: Er produzierte Video- und Computerspiele, ein Zweig der Entertainment-Industrie, der größere Umsätze macht als Hollywood.

Wie sämtliche Frauen im Radius von fünfhundert Metern fand auch ich deutlich häufiger eine Beschäftigung im Vorgarten, wenn »George« auf dem Bau war. Da er lange als Mode-Fotograf in Italien gearbeitet hatte – Lebensläufe in L. A. verlaufen fast immer im Zickzack, wie Fluchtwege von Kaninchen –, meinte er, im Herzen Europäer zu sein, und sah sich als Öko-Pionier. »Ich verwende nur doppelt verglaste Fenster«, raunte er mit Schmelzblick.

Die Australierin zog ganz allein in den Palast. Die Klimaanlage surrte Tag und Nacht. In ihrer Großküche mit garagentürbreitem Kühlschrank stapelten sich die Pappkartons vom China-Restaurant. Der Perser hatte ihr einen prächtigen Orangenbaum in den Garten gesetzt, aber das Einzige, was regelmäßig im Mammutkühlschrank erneuert wurde, waren O-Saft-Packungen aus dem Supermarkt. Abends sprangen alle Lichter an, drinnen wie draußen, und hell leuchtete der leere Palast in der Dunkelheit.

Etwa zu der Zeit beschloss Hollywood, die Welt zu retten.

Fing George Clooney (das Original) damit an? Als er diesen höchst verwickelten Film über die Öl-Industrie drehte und für die Rolle zwanzig Kilo zunahm? Und alle sagten, sie hätten zwar nichts verstanden, vor allem nicht, wie ein so schöner Mann sich so verschandeln kann, aber die Botschaft sei wahrscheinlich total wichtig und ein Weckruf für die Welt oder doch zumindest für Hummer-Fahrer? Oder trat Leonardo DiCaprio die neue Gutmensch-Welle los, als er in seiner Junggesellenbude eine wassersparende Toilette installieren ließ? Es kam mir jedenfalls so vor – das neue Millennium zählte noch keine sechs Jahre –, als hätte es im Sonnen- und Surferstaat Bewusstsein geregnet. Und wie immer in Kalifornien führte Niederschlag sofort zu Erdrutsch und Schlammlawinen.

Eines Morgens schlug ich die Augen auf, und ein Prius stand vor der Tür. Verschwunden war der riesige Ford Ölscheich (oder wie immer das Modell mit circa zwölf Sitzreihen und Standleitung zur Tankstelle genannt wird). »Der Neue ist viel besser für die Umwelt«, zwitscherte die Besitzerin, Mutter von drei Kindern, die täglich mehrere Stunden zwischen Schule, Sportplatz und Gitarrenstunde unterwegs war. Der kleine Porsche des Gatten stand verschämt in der Garage.

Umwelt! Bislang hatte ich dieses Wort nur gehört im Sinne von: »Das verschandelt aber die Umwelt«, wenn ich beispielsweise meinen Nachbarn vorschlug, ihre Wäsche doch mal draußen zu trocknen. Auf einem Wäscheständer. (Zugegeben, findet man nur mit Mühe in Kaufhäusern.) Oder gar auf einer Wäscheleine. »Sieht aus wie Dritte Welt«, befand schaudernd die Nachbarin. »Und alle kennen dann meine Unterwäsche?! Außerdem habe ich gar keine Zeit für so was.« Trocknertür auf, Wäsche rein, Trocknertür zu. Bei dreißig Grad im Schatten.

Nun aber fuhr sie ein spritsparendes Hybridauto und schaute sich in Modeheftchen wohlwollend die Designer-Leinentaschen an, die Hollywood-Schauspielerinnen überm Arm trugen (Aufdruck: »I am not a plastic bag«). Lernte, dass »Isolierung« viel mehr mit der Bullenhitze auf ihrem Dachboden zu tun hatte als mit dem Abbruch diplomatischer Beziehungen zu kommunistischen Staaten. Und erwog sogar, ihren Fernseher auszuschalten, wenn sie das Haus verließ.

»Ihr Europäer lacht sicher über uns«, sprach sie kokett. »Aber ihr seid es gewohnt zu sparen. Wir nicht. Wir haben ja alles.«

Zur Speerspitze von Kaliforniens grüner Revolution formierte sich flugs Hollywood. Während die versammelte Intelligenz des Landes im Norden, in den Universitäten um San Francisco und im Silicon Valley, an energiesparenden Motoren und neuen Ideen zur Solartechnik bastelte, übernahm die versammelte Schönheit im Süden bereitwillig die PR. Hollywood-Stars ließen sich im Elektroauto an den Roten Teppich kutschieren. Und warben, als würden sie dafür bezahlt (was ausnahmsweise nicht der Fall war), für Umweltbewusstsein und politische Aufklärung. Öko statt Ego! Julia Roberts gestand, sie wickele ihre Kinder in Baumwollwindeln. Daryl Hannah kettete sich an Bäume. Angelina Jolie reiste im Auftrag der Vereinten Nationen um die Welt und lenkte so Nano-Splitter ihrer Medienpräsenz auf Flüchtlingslager und Katastrophengebiete. Delfine und Darfur, das Meer und Tibet, Schulen in Afrika und Solardächer in den USA, sie alle fanden Freunde und Förderer auf Hollywoods A- und B-Liste. Jeder Star hatte seine »Sache«.

Leonardo DiCaprios Sache zum Beispiel war das große Ganze. Er produzierte einen Dokumentarfilm, in dem rund fünfzig der gescheitesten Köpfe unserer Zeit (also keine Schauspieler) die Zukunft des Planeten analysieren; deprimierendes Zeugs, aber immer wieder tritt Leonardo selbst vor die Kamera und verspricht mit schönstem Titanic-Augenaufschlag: »Es ist nicht zu spät!« Als er »The 11th Hour« der internationalen Presse in einem Luxushotel in L. A. vorstellte, waren Körbe für leere Wasserplastikfläschchen und Papierabfälle aufgestellt – mit handgeschriebenen Zetteln dran: »Recycling!« Die Hotelangestellten fanden das putzig. Und steckten die Körbe abends vermutlich in den Hausmüll.

Kürzlich interviewte ich die junge Schauspielerin Anne Hathaway. Ein wunderschönes Geschöpf mit Kirschmund und Riesenaugen wie aus einem Manga-Comic; die amerikanische Presse hatte sie gerade zur neuen Julia Roberts ausgerufen (während die alte in ihrem Häuschen in Venice fröhlich wickelte und kompostierte). Sie wurde wie üblich in einem Luxushotel in L. A. – genau da, wo Leonardo kurzzeitig Altpapier sammeln ließ – Journalisten aus aller Welt zugeführt, die sie im Halbstundentakt zu ihrem neuen Film befragten. Mal allein, mal in Gruppen, mal in Gruppen mit Übersetzern; so ein Tag kann verdammt lang werden. »Wie finden Sie diese Veranstaltungen eigentlich?«, fragte ich beiläufig, während ich mein Aufnahmegerät aus der Tasche kramte. Und wie aus der Pistole geschossen erwiderte das schöne Kind: »Oh, was für eine entsetzliche Belastung für die Umwelt! Es ist mir so unangenehm. Nur meinetwegen kommen von überall her diese Menschen und verbrennen Kerosin. Wenn es doch schon eine ökologische Methode gäbe, Filme zu machen!«

Ich war verblüfft. Und dann doch wieder nicht. Das grüne Grundrauschen, das sich von Kalifornien über ganz Amerika ausgebreitet hat, zeigt erwartbare Nebenwirkungen. In Umfragen gestehen biologisch-dynamisch geforderte Verbraucher, dass sie zunehmend unter schlechtem Gewissen leiden, sich nicht »grün« genug fühlen. Amerika im Stress: Aus dem fetten Schlaf der Öko-Schweinepriester gerissen, blinzelt die Nation mit einem Mal in ein Dauerfeuer aus Aufklärung, Aufruf und Vorwurf. Ganze Fernsehkanäle widmen sich dem ökologisch korrekten Dasein, und jeder Gang in den Supermarkt gerät zur Grundsatzfrage (Erbsen in billig oder in pestizidfrei? Tampons aus organisch angebauter Baumwolle? Wasser in Plastik- oder Glasflaschen oder doch nur Filter für die Leitung?). »Mein Mann und ich«, verriet die Nachbarin von gegenüber, »wir streiten uns, ob es besser ist, das Geschirr von Hand oder in der Maschine zu waschen.« Wer gewinnt? In dem Fall beide, die Haushälterin löst das Problem bei geschlossener Küchentür.

»Haben Sie gehört, der Eisbär stirbt aus«, rief mir ebenjene Nachbarin eines Tages zu, als sie ihren neuen Hybridwagen vor dem

Haus parkte und die recycelten Papiertüten aus dem Öko-Supermarkt entlud. Erdbeeren obenauf. »Ich weiß nicht, ob es vernünftiger ist, die organischen aus Mexiko zu kaufen oder die herkömmlich angebauten von hier«, sprach sie bekümmert. Ich war, weil in Europa und damit grün geboren, so etwas wie ihr Öko-Gewissen. Außerdem sah sie mich ständig im Garten arbeiten und graben. Niemand in den Palisades grub in seinem Garten, das machten nur mexikanische Gärtner und Maulwürfe. Also war ich so etwas wie ein Buschkind in ihren Augen. Eine sprechende Erdknolle, so naturverbunden wie fremdartig. »Ja, schade, das mit dem Eisbären«, murmelte ich.

Aber sie hatte schon eine neue Sorge; so tickt das Aktivistenbewusstsein, immer eine frische Wunde, die Pflege erfordert. »Was meinen Sie, soll Brad Pitt wirklich den Pilotenschein machen?«, fragte sie im Reingehen. »Wenn er den Grips dazu hat, warum nicht«, erwiderte ich. Sie blieb stehen und wandte sich um. »Aber das Kerosin!« Sie klang entrüstet – dieselbe Frau, die vor einem halben Jahr noch die Augen aufgerissen hatte: »Wie jetzt, meine Kinder könnten auch mal zu Fuß in die Schule?!« – »Sie ist doch am Ende der Straße.« – »Ja, aber der Verkehr!« – »Linda«, sagte ich so behutsam ich konnte; was ging es schließlich mich an, ich war ja nur die fremde Erdknolle, »Linda: Sie sind der Verkehr.«

»Energiesparlampen enthalten Spuren von Quecksilber«, klagte sie eines Morgens beim Reinholen der Zeitung. Sie war eine kleine, zierliche Frau, die in Plüschpantöffelchen über ihren manikürten Rasen trippelte. »Lassen Sie eigentlich über Nacht Ihren Computer an?«

»Meistens«, sagte ich und hob meine Zeitung auf.

Ich bereute es sofort. Als ich mich aufrichtete, war ein kriegerisches Leuchten in ihre Augen getreten. Sie kam halb über die Straße und stieß hervor: »Die Stand-by-Funktion von Computern und Fernsehern in Kalifornien verbraucht im Jahr so viel Strom wie Süd-Dakota, Vermont, Alaska und Rhode Island zusammen!« Eine eigenartige Befriedigung klang aus ihren Worten. Fast Triumph. »Haben Sie das nicht gewusst? Nein? Wirklich nicht?« Sie lächelte schnippisch. »Na, einen guten Morgen auch.«

»Schöner grüner Rasen!«, rief ich ihr nach.

Nur am Zucken ihrer Schulterblätter unter dem dünnen Morgenmantel erkannte ich, dass der Hieb gesessen hatte.

Kürzlich fuhr ich wieder einmal in die Palisades, in meine alte Straße. Der Hybridwagen stand in der offenen Garage. Vom Porsche keine Spur. Die Fenster sahen neu aus, vermutlich doppelt verglast. Auf dem Dach sah ich Solarpanels schimmern. Alles grün.

Bis auf den Rasen.

»Wir lassen Sukkulenten pflanzen«, rief meine ehemalige Nachbarin, als sie auf das braune Gestrüpp trat. »Sehen Sie, wie vor dem Haus da drüben. Das waren die Ersten. Jetzt wollen alle Kakteen und Neuseelandgräser im Vorgarten. Rasen sind out. Der Wasserverbrauch! Verantwortungslos.« Sie schüttelte den Kopf. »Haben Sie diesen Dokumentarfilm von Leonardo DiCaprio gesehen?«

»Ist er jetzt Ihr Vorbild?«

»Er sagt: Es kann nicht jeder alles machen, aber alle können etwas machen«, erwiderte sie würdevoll. »Er meint es wirklich ernst mit dem Umweltschutz. Aber wissen Sie, was schade ist?«

»Was denn?«

»Dass er nicht mehr mit Gisele Bündchen zusammen ist. Die beiden waren ein so schönes Paar.«

»Linda, Sie machen sich zu viele Sorgen.«

»Mag sein«, sagte sie. Es klang recht zufrieden. Dann senkte sie den Blick zu meinen Füßen. »Und was ist das?«

»Das«, sagte ich und wackelte stolz mit der Leine, »ist Georgie.«

»Tom, aus der Straße kommt Wasser.«
»Wahrscheinlich nur ein geplatztes Rohr.« Er wirft einen Blick auf den mehrfach aufgerissenen und geteerten Straßenbelag. Dann dreht er sich wieder um und malt weiter an meinen Fenstern.
»Ja, aber: Es sprudelt richtig!«
»Es sind alte Rohre«, sagt er, und an seinem Ton höre ich, dass er keine Ahnung hat, was mich dermaßen an einer nassen Straße fasziniert. »Schau dir diese wunderbar lackierten Fenster an!«, ruft er stattdessen. »Wie sorgfältig ich an den Sprossen gearbeitet habe! Woher diese Talente nur alle kommen, sie müssen sich kumuliert haben im Lauf all meiner Inkarnationen!«
»Ja, aber: Das muss man doch stoppen!«
»Ah.« Er lässt den Pinsel sinken. »Ich verstehe. Du sorgst dich wegen deines Wasserdrucks. Hast du schon probiert, ob in der Dusche ...«
»Tom«, unterbreche ich und versuche vergebens, nicht zu klingen wie eine Lehrerin beim Zurückgeben einer miserablen Klassenarbeit, »das muss so-fort repariert werden! Was für eine Verschwendung!«
»Ruf bei der Stadtverwaltung an«, sagt er und positioniert seine Leiter ein Stück weiter links. »Die kümmern sich so-fort!« Die Sprossen knacken, als er hochsteigt, aber vielleicht ist das auch sein Kichern.
»Wir kommen nächste Woche«, sagt der Mann von der Stadtverwaltung. Nicht sofort? Er holt tief Luft. Wahrscheinlich sei doch nur ein Rohr geplatzt, sagt er begütigend. Es seien alte Rohre. Er gähnt.

EIN HUNDELEBEN

Wozu braucht man einen Hund? Gar nicht natürlich, es sei denn, man ist blind.

Der schöne Perser zum Beispiel hatte einen Hund, und den brauchte er so dringend wie ich einen Starfighter im Wohnzimmer oder korinthische Säulen am kalifornischen Bungalow. Manchmal schleppte er ihn mit zur Baustelle, aber meistens saß das arme Vieh zu Hause und langweilte sich. Hässlich war es obendrein, nichts Scharfes, Dobermännliches, sondern ein weißes hopsendes Etwas, das aussah, als hätte sich der Fellkragen von einem Wintermantel selbstständig gemacht. »Maltipoo«, sagte der Perser zärtlich.

»Ist das Farsi?«, fragte ich und fügte in Gedanken hinzu: für »große haarige Ratte«?

Das sei die Rasse, belehrte mich der Perser, vielmehr die Mischung: Vater Malteser, Mutter Pudel oder umgekehrt. Oscar, der Hund des Drehbuchautors, stammte aus ähnlich ungeordneten Verhältnissen, man nannte ihn Cockapoo, Kind der Liebe eines Cockerspaniels zu einem Pudel. »Nette Mischung«, sagte ich anerkennend, da blickten mich die Besitzer strafend an: »Designer-Hund!«, verbesserten sie.

Nachdem ich einmal einen Maltipoo gesehen hatte, fiel er mir überall auf. Auf dem Schoß von Starlet Jessica Simpson, im Arm einer Shopperin auf dem Rodeo Drive. Maltipoos waren groß in Mode, als Accessoire so beliebt wie diese bunten Gummischuhe, Crocs, oder wie übergroße Sonnenbrillen à la Nicole Richie. Ebenso häufig stolperte ich nun über Puggles – auch eine Designer-Kreation, aus *pug*, also Mops, und Beagle –, und am Ende meiner Straße zog ein Labradoodle ein, ein Flokati auf langen Beinen, Mutter Labrador, Vater der unermüdliche Pudel.

Wozu braucht man einen Hund? Gar nicht natürlich, es sei denn, man sucht Gesellschaft.

Der Perser ließ sich scheiden, wie mir die Australierin frohlockend berichtete. Das Tier hatte er für den gestressten Sohn gekauft, aber der entwickelte nicht halb so viel Zuneigung zum Hund wie der Vater. »Sie schläft im Bett«, sagte der Perser und kraulte seinen Maltipoo mit Namen Daisy unterm Kinn. »Immer an meiner Seite.« Wer konnte es ihr verdenken.

Alle zwei Wochen, erzählte er, käme der mobile Hundesalon vorbei zum Waschen, Schneiden, Fönen. Die Krallen des Maltipoos wurden gestutzt, die Ohren geputzt. Alle sechs Monate rückte die Zahnpflegerin an – Maltipoo Daisy neigte zu Zahnstein, der wurde für hundertfünfzig Dollar pro Einsatz weggeschmirgelt. Sie litt außerdem an einer Pollenallergie und bekam spezielles Futter und ab und zu Antibiotika. Weil der Perser sie nicht ständig auf seine Baustellen mitnehmen konnte, erschien regelmäßig ein professioneller Gassigeher, den Daisy fast so sehr liebte wie ihren »Daddy« (der Perser sprach von sich tatsächlich als »Daisys Daddy«, mir zogen sich innerlich die Lefzen hoch). Und wenn sie sich doch mal im Garten erleichterte, so entfernten regelmäßig die »Pooper Trooper« das Malheur, eine Reinigungsfirma, spezialisiert auf die Hinterlassenschaften von Hunden; fast unnötig zu sagen, dass dieser Unternehmensbereich zweistellige Wachstumsraten vorzuweisen hat. Was für ein Hundeleben. Alles in allem, sagte der Perser mit beschämtem, aber glücklichem Seufzen, »kostet sie mich mehrere hundert Dollar im Monat.«

»Der Mann ist sexy wie die Hölle«, schnaubte die Australierin. »Aber warum läuft er immer mit dieser haarigen Ratte herum?«

Wozu braucht man einen Hund? Gar nicht natürlich, es sei denn, um nobel zu verarmen. Wenn man sich die nackten Zahlen anschaut, ist die Mehrzahl der Amerikaner genauso plemplem wie der Perser, wenn es um Haustiere geht. Rund fünfzig Milliarden Dollar im Jahr – das ist eine höhere Summe als das Bruttosozialprodukt von ein paar Dutzend Staaten auf diesem Planeten – geben sie für das Zamperl an sich plus nachfolgend für Futter, Arztkosten, Medizin, Schönheitspflege, Spielsachen und so weiter aus. Tierpflege ist – nach der Unterhaltungselektronik – der am schnellsten wachsende Warenmarkt in den USA, und das Angebot reicht von immer neuen Futtermischungen (koscher, holistisch, vegetarisch) über Luxusartikel (Hermès-Halsbänder à 1.200 Dollar) bis zu Psychotherapie und Psychopharmaka. Jawohl, Pillen fürs Gemüt: Wenn Hund und Katz mal traurig sind, gibt's Prozac wie fürs Frauchen.

Es war lange her, dass unser letzter Familienhund gestorben war. Ich hatte vergessen, dass es Bäckereien für Hunde und Vogelvideos für Katzen gibt, Versicherungsagenten und Bestatter, die sich nur um Vierbeiner kümmern. Wir hatten nur bei Tierärzten herumgesessen, wenn das Dackelohr entzündet war oder als einmal ein Auto unseren Ausreißer streifte. Heutzutage – oder ist es nur hier, nur im verrückten Amerika, nur im durchgeknallten L. A. so? – führen »Moms« und »Dads« ihre Tiere zu Masseurinnen, Chiropraktikern, Homöopathen, entsenden sie für zwei Stunden ins »Spa«, buchen Hundeschwimmstunden im Hallenbad. Am seltsamsten scheinen mir Hundeparks, die sich durch nichts – bis auf Fell und nasse Nasen – von Kinderspielplätzen unterscheiden, auf denen die Kids im Sand spielen, während die Eltern auf Bänken sitzen, Café latte trinken und flirten, was das Zeug hält.

Der Perser erzählte mit stolzem Lächeln, dass er ständig von entzückten Passantinnen auf Daisy angesprochen würde; könnte sein dummer Hund reden, die Passantinnen würden ihn direkt fragen: Na, große haarige Ratte, ist dein Daddy noch zu haben?

Wozu braucht man einen Hund? Gar nicht natürlich. Millionen Hundebesitzer merken das jedes Jahr und schieben ihre

»besten Freunde« ab ins Tierheim. Sie binden sie an Laternenpfähle, schubsen sie aus dem Auto, vergessen sie im Hinterhof, jagen sie zum Teufel. Jeden Sonntag, wenn im Palisades-Dorf Markt war, machte sich etwas abseits der Obststände eine wechselnde Truppe Tierschützer breit und brachte eine Handvoll Viecher zum »Adoptieren« mit. Ich sah teure Rassehunde dort sitzen und auf ein neues Zuhause warten und sah die verwegensten Mischlingswelpen (Cocka-malti-labra-weiß-der-Doodle); in Käfigen spielten Allerweltskatzenkinder neben würdevollen alten Angoradamen. Die meisten der Tiere waren Todeszellenkandidaten: In den übervollen Tierheimen von L. A. wären sie längst eingeschläfert worden, hätten jene privaten Organisationen sie nicht herausgeholt. Hier, auf dem sonnigen Marktplatz in Pacific Palisades, bekamen Struppis und Beautys gleichermaßen ein Halstuch umgebunden, auf dem stand: Adopt me. Rette mich. Und in ihren Augen stand: Ich werde mich revanchieren.

»Pam, wie sieht es mit Tieren aus?«, fragte ich meine Vermieterin.

»Auf gar keinen Fall!«, kreischte sie ins Telefon. »Meine ganze Familie ist hochallergisch, vor allem gegen Tierhaare! Mein Sohn wollte immer einen Hund, also habe ich ihm einmal einen Leguan geschenkt. Er war sogar gegen den Leguan allergisch! Wir haben nicht mal einen Fisch!«

Ich trottete jeden Sonntag zum Markt, streichelte über Hundeköpfe, steckte ein paar Dollarnoten in die Spendenbüchsen. Wozu braucht man einen Hund? Gar nicht natürlich – man kann ohne Hund spazieren laufen und ohne Hund fernsehen, man kann sich eine Alarmanlage und Pfefferspray besorgen und lustige Bücher lesen, wenn man lachen will. Auf dem Sofa sind keine Haare, an den Schuhen keine Bissspuren, im Blumenbeet keine verdächtigen Erdhügel, unter denen sich miefende Kauknochen verbergen. Wenn man verreisen will, packt man seine

Koffer und haut ab, und wenn man das Haus zum Einkaufen verlässt, braucht man sich nicht unter bitter vorwurfsvollem Hundeblick zu rechtfertigen. Die Autofenster sind von Speichelspuren frei, die Wohnungstüren von Kratzern. Kein Nachbar beklagt sich übers Bellen, kein Jogger übers Nachlaufen, keine alte Dame übers Anspringen. Ich machte eine Pro-und-Kontra-Liste. Dies alles stand auf der Seite: Argumente gegen einen Hund. Auf der anderen Seite stand: Nichts natürlich, denn man braucht ja keinen.

Die Australierin, die noch nicht eingezogen war, aber gemeinsam mit »George« Fliesen und Lichtschalter aussuchte und recht oft im Neubau vorbeischaute, sagte eines Tages: »Ich könnte nächste Woche ein *double date* organisieren, ich habe auf dem Flughafen zwei Brüder kennengelernt. Der eine ist Musiker, sieht fantastisch aus, der andere Anwalt. Hast du Lust?«

»Zwillinge?«, fragte ich optimistisch.

»Nein, der andere ist wesent- … ist etwas älter. Aber sehr charmant! Schau nicht so misstrauisch. Jeder kann ein bisschen abnehmen!«

»Er ist alt und dick?!«

»Kräftig. Aber sympathisch! Und nur einmal geschieden! Hat fast keine Kinder!« Sie musste selber lachen. »Ach, komm schon, ich kann nicht alleine mit zwei Unbekannten ausgehen. Und ich will wieder einen Mann!«

»Ich will lieber einen Hund«, hörte ich mich sagen.

Und so passierte es. Ich sah mich an einem sonnigen Samstagmorgen im März nach Redlands fahren, das ist ein kleiner Ort in der Wüste, gut zwei Autostunden östlich von L. A. am Fuß der San-Bernardino-Berge. Nur mal schauen. Im Internet war ich zufällig auf die Anzeige einer dieser Hilfsorganisationen gestoßen – eine hochträchtige Mischlingshündin war einer Tierfreundin zugelaufen und umgehend niedergekommen, nun suchten neun Welpen ein Zuhause. Die Tierschützerin präsentierte den Nachwuchs in einem Zoogeschäft: Sie stellte einen Laufstall auf, die ausgezutzelte Mutter hinein plus vier fette Fellknäuel. »Die Mädchen sind schon weg«, sagte sie achselzuckend, während sie ihre Papiere sortierte.

Ich nahm ein Knäuel auf den Arm, trug es herum, probierte ein anderes. Nur mal schauen. Sie alle waren zum Steinerweichen süß. Knickohren wie Teddybären, runde braune Augen, dicke honigfarbene Beine. Der Erste, den ich in den Käfig zurückgesetzt hatte und der gerade hingebungsvoll auf Zeitungspapier pinkelte, trug eine kleine weiße Blesse auf der Brust. Er stieg energisch über seine Brüder. Biss sie ins Ohr. Biss der Mutter in die Zitze. Sie fuhr ihn genervt an. »Es wird Zeit«, sagte die Tierschützerin mitfühlend, »sie hat die Nase voll von den Rüpeln.«

In den Unterlagen stand: Mischung aus Labrador und Schäferhund (»Schäfidor«?). Aber schon die Mutter sah weder aus wie das eine noch das andere. Sie war schwarz. Ihre Babys waren hellbraun. Ich hatte pausenlos eines im Arm. Nur mal schauen. Kunden aus dem Zoogeschäft kamen vorbei und hoben die Welpen aus dem Laufstall, und als eine Frau sich nach dem Dicken mit der weißen Blesse bückte, hörte ich mich sagen: »Nicht den, das ist meiner!«

Ich nahm ihn auf den Arm. Ich unterschrieb Papiere. Ich log. Eine Frage im »Adoptionsformular« lautete: Ist Ihr Vermieter einverstanden und informiert, dass Sie einen Hund halten? Die ganze Zeit saß das Knäuel auf meinem Schoß und nagte an der Gürtelschlaufe meiner Jeans. Sicher doch, schrieb ich. Der Hund hob den Kopf und sah mich an. Das Ringelschwänzchen wackelte. Er legte die Ohren an und hechelte. »Er lacht«, sagte ich.

»Er ist entwurmt, geimpft und über Mikrochip registriert«, sagte die Tierschützerin erschöpft, überflog mein ausgefülltes Formular, schob die hundert Dollar für die Tierarztkosten ein, blickte auf und lächelte erleichtert. »Herzlichen Glückwunsch.«

Ich gehe durch den Garten zu den Mülltonnen, als mir plötzlich Tom entgegengeschossen kommt. »Bring den Hund in Sicherheit!«, stößt er hervor. »Geh auf keinen Fall in die Ecke dort drüben! Sei vorsichtig! Bleib ganz ruhig! Es ist eine Schlange im Garten!«

»Eine Schlange!«, wiederhole ich betroffen und halte den Hund fest. Tom stürzt an mir vorbei zur Garage, greift sich den Rechen und den Deckel der Regentonne und stellt sich wie ein Ritter vor uns, gewappnet mit Schild und Speer. »Keine Panik!«, ruft er. »Ich habe alles unter Kontrolle!«

»Wo ist sie denn?«, frage ich.

Mit dem Rechen weist Tom auf die im Schatten liegende Seite des Hauses, etwa zehn Meter von uns entfernt, wo auf dem Weg ein brauner Fleck zu sehen ist. »Klein«, sage ich. Tom wirft mir einen beleidigten Blick zu. »Es ist möglicherweise eine Klapperschlange. Lebensgefährlich! Halt bloß den Hund fest!«

In einem großen Bogen gehe ich durch die Küchentür ins Haus, den Hund vor mir herschiebend. Ich schließe die Tür, er bellt empört. Ich nähere mich dem Fleck auf drei Meter, Tom hinter mir.

Die Schlange ist vielleicht etwas über einen Meter lang und dick wie der Holzgriff des Rechens. Sie ist zusammengerollt, ihr Schwanzende nicht zu sehen. »Mist!«, zischt Tom. »Ich kann nicht sehen, ob sie eine Rassel hat. Vielleicht sollte ich sie provozieren, um …«

»Nein!«, sage ich erschrocken. Die erste Schlange meines Lebens. Es ist ein warmer Sommerabend, »da kommen sie raus«, sagen meine Nachbarn. Die Schlange hebt den Kopf und blickt uns an, Tom macht einen zwei Meter langen Satz nach hinten. »Soll ich sie töten?«, fragt er. »Ich weiß bloß nicht, wie.«

Ich rufe meine Nachbarn an. Sie lassen alles stehen und liegen und kommen über die Straße gelaufen. Georgie bellt. Marc sagt, er kennt sich mit Schlangen aus, aber er besteht darauf, mein Exemplar vom Schlafzimmerfenster aus zu begutachten. »Mupfel, mumbel, grumpf«, ruft er durch die geschlossene Terrassentür.

»Was?«, sagt Beverly und reißt die Tür auf. Durch die Bewegung wendet das Tier den Kopf, alle schreien auf. Georgie bellt begeistert und springt an Marc hoch. »Keine Klapperschlange!«, sagt der. »Es ist wahrscheinlich keine Klapperschlange!«

Beverly ruft die Feuerwehr. »Dafür sind sie da«, sagt sie in mein entsetztes Gesicht, »jedenfalls, wenn es nicht brennt.« Sie, Marc, Georgie und ich warten im Schlafzimmer, Tom steht draußen hinter seinem Schild, zehn Meter von der Schlange entfernt. Keine fünf Minuten später parkt ein blitzblanker roter Feuerwehrwagen vor der Tür, und vier hochgewachsene Männer in Uniform stürmen den Garten. Einer trägt einen Sack, ein anderer eine lange Stange, der nächste so etwas wie eine Machete.

»Wo ist sie?«, fragt der Anführer, und Tom weist mit dem Rechen auf die Hausecke. Der Feuerwehrmann wirft einen halben Blick auf die Schlange und sagt mit deutlicher Enttäuschung zu seinen Männern: »Ach. Eine Gartenschlange.«

Er bückt sich und hebt sie auf. Sie ringelt sich um seinen Arm. Marc kommt aus dem Schlafzimmer. »Sag ich doch«, brummt er.

Die Feuerwehrmänner schauen sich an wie kleine Jungs, die vor einem verschlossenen Spielplatz ankommen. »Sie sollten sie behalten«, sagt der mit der Schlange zu mir. »Sie frisst Wühlmäuse und Ratten. Nützliches Tier. Andere kaufen so was im Zoogeschäft.«

Die kleine Zunge kommt raus, ich sehe das glatte, feucht wirkende Fleisch. »Nein, danke«, sage ich schwach.

Feuerwehr und Nachbarschaft ziehen ab. »Attraktive Jungs«, raunt Beverly mir zum Abschied zu, »wir sollten sie öfter rufen.«

Tom blickt dem Feuerwehrwagen nach und tätschelt Georgie nachdenklich den Kopf. »Mein Gott«, sagt er, »was hättest du nur ohne mich gemacht.«

Dating Rules
1st Date
2nd Date
3rd Date
at 1st Date
NEVER!!
Dating others
after X Dates
XXL

DAS EINMALEINS VON ZWEI

»Die Entscheidung, wann ins Bett, wie hältst du es damit?«, fragte die Australierin.

Wir standen vor dem Haus und sahen dem Welpen beim Spielen zu, sein erster Tag in den Palisades. Die Nacht hatte er im Gefängnis verbracht: So kamen mir diese seltsamen grauen Plastik-Container vor, zu dessen Kauf mir die erschöpfte Tierfreundin geraten hatte. »Er ist es gewohnt«, hatte sie beteuert, denn wie alle Amerikaner schwor sie auf das sogenannte »Crate Training«, Welpenerziehung mit Hilfe dieser Box. Wenn die Hundebabys darin schlafen, betrachten sie es als ihr Zuhause und verspüren nie den Drang, aufs Sofa ihrer Besitzer zu hüpfen; so oder so ähnlich lautete die Theorie. Ich hatte den Welpen abends in diese mobile Hundehütte gelegt, das Gittertürchen geschlossen, und Sekundenbruchteile später erfüllte tiefes, zufriedenes Schnaufen mein Schlafzimmer. Ich war hochbeglückt. Alle unsere Familienhunde hatten früher oder später den Weg unter die Decke gefunden; unser Langhaardackel pflegte nach den »Tagesthemen« sogar schon mal vorzugehen. »Fang es gar nicht erst an«, warnte meine Mutter, als ich ihr von dem Welpen erzählte.

»Am besten gar nicht«, sagte ich.

Die Australierin seufzte. »Ach, das ist doch keine Lösung«, sagte sie. Dann, sehr behutsam: »Also nie in der ersten Nacht oder was?«

»Du wirst ihn halt nie mehr los«, sagte ich und warf Bällchen.

Sie stieß wieder ein »Ach!« aus, diesmal verblüfft. »Ist das so in Deutschland? Ich hätte gedacht, das hat andere Gründe.«

»Hygiene, meinst du?«

Sie zog eine kleine Grimasse. »Nein, eher Moral oder so was.«

»Mit Moral hat das doch nichts zu tun. Eher mit Haaren im Bett und schmutzigen Laken.«

Sie schwieg einen Moment verwirrt. »Nun, er kann ... er muss ja nicht ... Sie haaren nicht alle, weißt du.«

Der Welpe marschierte in Richtung Straße, ich hob ihn auf und drückte ihm einen Kuss auf die Stirn, genau zwischen die beiden Teddybärohren. »Nein, nein, nein, und meistens sind sie so süß, dass man nicht widerstehen kann!«, rief ich in erkennbar retardierter Geistesverfassung.

Sie blickte nachdenklich. »Ich hab's nämlich getan, und ich fürchte, jetzt bin ich ihn los.«

»Was getan?«

»Ihn ins Bett gelassen in der ersten Nacht, und seitdem habe ich nichts mehr von ihm gehört.«

»Ach«, sagte diesmal ich und spielte schnell wieder Bällchen.

Die Australierin gab zu, nur geringe Kenntnisse übers amerikanische »Dating«-System zu besitzen, aber das hinderte sie nicht daran, sich immer wieder beherzt auf den Markt zu werfen. Sie besuchte mit Freundinnen Bars und Strandcafés, sie ließ sich bereitwillig auf Dinnerpartys mit unbekannten Tischherren verkuppeln und schob erwartungsvoll leere Einkaufswagen durch die Endlosgänge von Home-Depot-Filialen, einer Baumarkt-Kette, von der ein Szenemagazin behauptet hatte, dort träfe man nach Feierabend experimentierfreudige Single-Männer. (Der letztgenannte Versuch war von vornherein zum Scheitern verurteilt, weil die Australierin keine Ahnung hatte, was und wann »Feierabend« war – sie hatte nie in ihrem Leben gearbeitet; insofern repräsentierten Heimwerkermärkte ohnehin nicht die geeigneten Jagdgründe, sie hätte eher Golfplätze abgrasen sollen.) Wenn sie spätabends ihren leeren, tiefgekühlten Palast betrat, täten ihr manchmal die Lippen weh vom vielen aufmunternden Lächeln, sagte sie einmal missmutig. »Wie soll das auch gehen, wenn man Angler und Fisch gleichzeitig ist.«

»Bin ich froh, dass ich nicht mehr da raus muss«, sagte neulich meine Nachbarin Beverly. Draußen, damit meinte sie die kalte Halbwelt der Singles und Sehnenden, der einsamen Wölfe und zweifach Geschiedenen, der Einzelgänger, die sich in einem harmonischen Kosmos voller Paare – eins plus eins macht zwei, hurra – schmerzhaft zerfallen sehen in digitale Existenzen von Eins und Nichts. Und es ist das Nichts, das sie definiert. Es ist das Nichts, dem sie Katzentische im Restaurant verdanken und dass selbst bessere Freunde sie zu ihren Pärchen-Abenden partout nicht einladen (entschuldigend: »Du, es kamen nur Paare, bestimmt hättest du dich gelangweilt« – wie ein Kind, das unversehens auf einen Kaminbauerkongress gerät, oder wie ein Eunuch auf der Pornomesse in Las Vegas).

Beverly jedenfalls ist seit bald zwanzig Jahren glücklich verheiratet, ihr Mann trägt sie auf Händen. »Wenn wir uns morgens im Badezimmerspiegel angucken – ungewaschen, ungekämmt, mit verknautschten Gesichtern –, sagen wir jedes Mal: Wie gut, dass wir uns gefunden haben. Kein anderer würde uns mehr nehmen.«

Mehr als hundert Millionen Amerikaner leben allein, und ihr Wunsch, das zu ändern, hat die Entstehung jenes bizarren Regelwerks gefördert, das landesweit als »Dating« praktiziert und geschätzt wird. Zu Romantik und Vergnügen verhält es sich etwa so wie Diplomatie zum Überfall auf Polen, aber was Liebe, Sex und das ganze verdammte Zeug angeht, versteht der Amerikaner eben keinen Spaß. Dies ist eine Nation, deren Gründer sich bekanntlich »Pilgerväter« nannten und die für alles Unanständige eigens eine Stadt in die Wüste gebaut hat, auf dass ihr Alltag frei von Sünde bleibe und Las Vegas die streng isolierte Hochburg von Glücksspiel und Sex. Zweijährigen werden schamhaft Bikini-Oberteile umgebunden, im Fernsehen darf man nicht »fuck« sagen, und wenn in Filmen ein blanker Busen zu sehen ist, gilt die Jugend als gefährdet und setzt sich besser vor ein erotikfreies Computerspiel, in dem Augäpfel gebraten werden. Amerikaner fühlen sich gleichzeitig *over-sexed* und überfordert – auf der Straße und über die Medien bombardiert mit Signalen der Verführung und Bereitschaft, doch von Unbehagen erfüllt über die eigenen fleischlichen und emotionalen Wirren. »Dating« ist der Versuch, dieser primitiven Gefühlswelt Struktur zu geben, damit sie ihre Schrecken verliert. Wir alle sind ihr machtlos ausgeliefert, aber Amerikaner sind nun mal nicht gerne machtlos; »Dating« ist sozusagen ihre Knarre im Geschlechterkampf.

Das Praktische an den Kennenlernmanövern – und Amerikaner legen Wert auf simple Handhabung, Klettverschluss geht klar vor Haken und Ösen – ist die Rollenverteilung. Hier Angler, dort Fisch. Hier Jäger, dort Beute. Du Tarzan, ich Jane.

Und bitte kein Kuddelmuddel, nicht schon im Vorfeld; später, wenn die Ringe ausgetauscht sind, kann Jane Tarzan immer noch darauf hinweisen, dass er vielleicht einen Lendenschurz, mitnichten aber die Hosen anhat.

Ich fragte einmal einen Fotografen nach gemeinsam erledigter Arbeit – wir hatten im nordkalifornischen Küstenstädtchen Sausalito die Schriftstellerin Isabel Allende für ein Interview mit anschließendem Fototermin getroffen –, ob wir uns später zum Essen verabreden könnten. Immerhin war ich fremd in der Stadt und hatte für denselben Abend keinen Rückflug bekommen; ich übernachtete in San Francisco, das von Sausalito nur durch die Golden-Gate-Brücke getrennt ist. »Sicher«, brummte der Fotograf und klang gar nicht sicher. Er sah mich scheel von der Seite an, als hätte ich ihn nach seiner Lieblingsstellung gefragt.

Später, beim Dinner in einer Pizzeria, erklärte er mir, dass amerikanische Frauen niemals Männer fragen, ob sie mit ihnen ausgehen.

»Wir gehen doch nicht aus!«, sagte ich und lachte. »Wir essen doch nur.«

»Ein Mann und eine Frau an einem Tisch, das ist immer ›ausgehen‹«, beharrte er. »Und die Frau fragt nicht. Sie wartet, bis sie gefragt wird.«

»Und wenn er nicht fragt?«

»Geht sie nicht aus. Aber amerikanische Frauen«, fügte er mit berstendem Nationalstolz hinzu, »wissen, wie sie uns zum Fragen bringen.«

Als die Rechnung kam, fiel ihm blitzartig ein, dass dies kein »Ausgehen« war. Er rührte keinen Finger. Wäre dies ein Date gewesen, hätte er gelöhnt; zähneknirschend vielleicht, aber so sind die Regeln. Und spätestens beim zweiten Mal hätte er dafür Anrecht auf Vergütung gehabt (ob mit oder ohne Zunge, darüber schweigen die Bücher). Aber in unserem speziellen Fall besann er sich auf die Selbstständigkeit europäischer Frauen. Und überhaupt auf die Emanzipation. »Let's go Dutch«, schlug er lahm vor. Fifty-fifty nennen die Amerikaner »Holländisch«, der Ausdruck rührt noch von den Seefahrerkriegen des 17. Jahrhunderts her, als die Engländer sich alle möglichen Beleidigungen für die Niederländer ausdachten, unter anderem für deren angeblichen Geiz. Ein Date ist nach so einem Vorschlag beendet. Für immer. Ein Mann, der einem holländisch kommt, kann französisch vergessen. Wer nicht mal eine warme Mahlzeit spendiert, wie soll der den Rest des Lebens sichern.

»Ein Date ist wie ein Vorstellungsgespräch«, sagte Beverly, die froh war, bei Marc eine Lebensstellung gefunden zu haben. »Du ziehst dich passend an, stellst Fragen nach dem potenziellen Aufgabenfeld, erkundigst dich nach Aufstiegschancen. Und zeigst dich natürlich von deiner besten Seite.«

»Und du machst nie den ersten Schritt.«

»Natürlich nicht!«, rief sie entgeistert. Beverly ist eine smarte Unternehmerin, sie erfand vor zwanzig Jahren ein Workshop-Programm zur Entwicklung von Kreativität, das heute noch in Firmen zur Mitarbeiterschulung angewandt wird. Von den Tantiemen setzte sie sich zur Ruhe und schreibt seitdem Romane und Theaterstücke; ein Freigeist, der früher für die Bürgerrechtsbewegung auf die Straße ging und heute Gäste auf dieselbe setzt, wenn die sich unversehens als Republikaner-Wähler entpuppen. Aber auch Beverly hält sich an die Regeln, meistens.

»Du rufst ihn nicht an, und du hast keine Zeit. Er muss sich um dich bemühen. Er muss dich erobern.«

»Ach, komm«, sagte ich kopfschüttelnd, »das ist doch richtig altmodischer Quatsch.«

»Selbstverständlich. Aber wir brauchen diese Inszenierung. Sie gibt uns Sicherheit. Jeder bekommt seinen Part zugewiesen und hat die Chance zur optimalen Selbstdarstellung. Wenn es gut läuft, weißt du hinterher, wie viel er verdient und wie er zur Kinderfrage steht. ›Dating‹ ist praktisch, zeitsparend, sicher.«

»Wir hatten nie ein Date!«, rief Marc aus dem Hintergrund.

»Schätzchen, weil wir uns anders kennengelernt haben.«

»Wie denn?«, wollte ich wissen.

»Wir wohnten im selben Mietshaus. Und ich wäre nie auf ein Date mit ihm gegangen. Er war nicht mein Typ. Trotzdem. Du solltest es mal probieren.«

Nun, ich hatte bereits das Vergnügen. Mein amerikanisches Date hieß Chad, und zu verdanken hatte ich ihn natürlich der Australierin. Ich wohnte noch in den Palisades, sie kam beinahe täglich mit dem Perser zum Neubau und besprach gurrend Form und Größe von Wasserhähnen und Position und Anzahl von Telefonbuchsen. (»Hier muss eine hin, Sie möchten doch sicher im Bett telefonieren«, säuselte der Perser, und schmelzend gab sie zurück: »Wollen Sie die Nummer?«) Chad war ein Freund ihres Ex-Gatten, der nach der Scheidung irgendwie ihr zugefallen war: ein Chiropraktiker aus Bel Air, der angeblich schon Hand an viele Hollywood-Stars gelegt hatte, rein beruflich natürlich. Die Australierin hatte ihm erzählt, dass ich für die Medizinberichterstattung in einem großen deutschen Magazin verantwortlich sei. (»Wie kommst du denn darauf?«, fragte ich verblüfft, und sie machte runde Augen: »Du hast doch über Mel Gibson und Britney Spears geschrieben, das sind ja praktisch Krankenberichte!«) Über Chad sagte sie, er sei eloquent, charmant und witzig, »ein echter Gentleman, zu schade, dass er noch alleinstehend ist, ich kann mir nicht vorstellen, woran es liegt.«

Sie gab ihm meine Nummer, er rief an, wir sprachen fünf Minuten lang über rein gar nichts, und dann meinte er, er hätte schon so viel von mir gehört (»diese brillante medizinische Berichterstattung!«), er würde mich gern zum Essen einladen, »bisschen fachsimpeln«, ob ich morgen könnte? Klar, sagte ich.

An dieser Stelle schüttelte Beverly den Kopf. »Du bist zu easy«, sagte sie. »Er wird dich nie heiraten.«

»Ich will ihn doch gar nicht heiraten!«

»Warum nicht? Man braucht immer einen Arzt und einen Anwalt in der Familie. Sah er gut aus?«

Chad sah ganz gut aus, aber nicht gut genug, um ihn anderthalb Stunden lang anzustarren, woraus im Wesentlichen meine Beschäftigung an diesem Abend bestand. Wir saßen in einem Restaurant in Hollywood, dessen Geräuschpegel etwa einem startenden Langstreckenflugzeug entsprach – was offenbar nur europäische Ohren quält, der Einheimische nimmt den Krach als Bestätigung für die Vorzüglichkeit seiner Wahl – nur ein lautes Lokal ist ein lebendiges Lokal; vollgebrüllt gleich angesagt. Amerikanerinnen neigen aus unerfindlichen Gründen ohnehin zum Kreischen (kommt es, weil sie so oft in dröhnenden Gaststätten sitzen, oder sind die Gaststätten so lärmig, weil so viele Frauen schreien?), und auch die meisten amerikanischen Männer halten ein lautes Organ für einen Ausdruck ihrer Virilität.

Jedenfalls hatte Chad die Konversation übernommen und sah es als seine Aufgabe, mich in die Grundzüge seiner wunderbaren Erwerbstätigkeit einzuweisen. (»Damit demonstriert er seine Geschlechts- und Beziehungsreife«, meinte Beverly, »er belegt seine Bereitschaft zu Partnerschaft und Familiengründung.« – »Beverly«, sagte ich ungehalten, »er rhabarberte bis zur Nachspeise über Lendenwirbel und überdehnte Bänder!« – »Er wollte sagen: Du bist in guten Händen.«)

Was immer er sagen wollte: Verstanden habe ich, zwischen Geschirrklappern und hysterischem Lachen von Tisch sieben, immer wieder Wortfetzen wie »gestörtes Gelenkspiel«, »... musste eine Subluxation vornehmen ...«, »... wir nennen es translatorisches Gleiten, wenn ...« Ich löffelte meinen Schokoladenpudding und glitt – möglicherweise translatorisch – in eine Art Wachkoma, obwohl zeitgleich mit dem Dessert Chad zur Abwechslung eine Frage stellte. »Du bist nicht auf Diät?«, schrie er über den Tisch.

Er fand das bemerkenswert. Die beiden anderen Frauen, die er derzeit zu Dates ausführe, würden nach dem Hauptgang lieber ihre Servietten essen als Süßkram, verkündete er. (»Was demonstriert er mit dieser Bemerkung, Beverly?«, höhnte ich. »Etwa seine Bereitschaft zur Monogamie?« – »Erstens wollte er dir ein Kompliment machen – Frauen hören es gern, wenn sie offenkundig so aussehen, als mieden sie Schokoladenpudding«, erwiderte Beverly unerschütterlich. »Und zweitens, meine Liebe: Bis zur Verlobung ist alles erlaubt. Jeder kann daten, so viel er will. Er genauso wie du. Erst wenn es ernst wird, ist Konzentration angesagt.«)

Als er mich nach Hause fuhr, bemerkte er unvermittelt, er schätze an europäischen Frauen ihre »Unkompliziertheit« und dass sie »so gut zuhören können«; an der Stelle empfand ich in der Zwerchfellgegend so etwas wie eine starke Subluxation. Seine Landsleute seien so »ferngesteuert« im Umgang miteinander, klagte er, alles sei so »geregelt«. »Du bist kein Fan von Dates«, mutmaßte ich. Er lachte. »Gott, nein! Wer ist das schon. Man fühlt sich immer wie bei einem Eignungstest. Das erste Mal ist das Schlimmste. Wenn man die Fakten klären muss ... Zum Glück habe ich einen spannenden Beruf, sodass wenigstens keine Langeweile aufkommt.«

Als wir uns mit einem festen europäischen Handschlag verabschiedeten, fragte er höflich, ob er mich wieder anrufen dürfe, er hätte demnächst wieder ein paar Termine frei. Ich erwiderte, dass ich einen sehr anregenden Abend gehabt hätte, aber meine Tätigkeit als Medizinberichterstatterin sei leider äußerst zeitraubend, gerade bereite ich eine umfangreiche Serie über Geschlechtskrankheiten vor. Er meinte, man sähe sich trotzdem, und nickte mit dem Kinn kurz zum hell erleuchteten Perserpalast. Er meldete sich nie wieder, ich sah ihn nie wieder; die Australierin meinte kühl, er sei »eben doch ein echter Trottel, kein Wunder, dass er noch alleinstehend ist. Schwamm drüber. Aber erinnerst du dich an den Anwalt? Der ist noch frei. Ich könnte was arrangieren.«

Als ich aus den Palisades fortzog, stand oft morgens ein fremdes Auto vor dem Palast. Sie hatte etwas mit ihrem Tennislehrer angefangen, der nebenher Drehbücher schrieb. Ein sehr schöner Mann mit dunklem Teint, vermutlich aus Lateinamerika, sie schwärmte von seiner Rückhand und lachte kehlig. Zum Abschied schenkte sie mir ein Buch über Hundeerziehung. »Ich dachte erst an »The Rules«, diesen Bestseller über die Regeln beim Dating, aber ich glaube, das brauchst du dringender.«

Ich war ein bisschen beleidigt, aber der Welpe freute sich über das Geschenkpapier und trug es durchs ganze Haus. Abends fand ich Fetzchen davon im Bett. Gleich neben dem schnarchenden Welpen.

»Tom, wieso hast du eigentlich kein Telefon?«

»Weil mich dann jeder anrufen könnte.«

»Wer soll dich denn schon groß anrufen?«

»Du. Meine Freundinnen.«

Ich fuhr ihn zur Bushaltestelle, er roch stark nach Parfum (»französische Wäsche« nannte er das, wenn er sich nach einem arbeitsreichen Tag damit einsprühte). »Du hast gleich mehrere?«

»Zwei«, sagte er pikiert. »Das ist nicht zu viel.«

»Sagen sie das auch?«

»Außerdem quatscht die Welt eh zu viel. Früher musste die Menschheit auch nicht unentwegt erreichbar sein. Und ist dir aufgefallen, dass niemand etwas zu sagen hat? Es ist nur Blablabla. Ich bin auf dem Weg nach Hause, ich bin im Supermarkt, ich wollte nur mal Hallo sagen. Blablabla. In der Zeit lese ich lieber ein Buch über Archäologie oder studiere die Sterne. Die Menschheit liest zu wenig. Die Menschheit weiß zu wenig. Aber sie quatscht ohne Ende. Verstehst du, was ich sage?«

»Ja, nur Dumme haben Telefon.«

»Ironie hilft auch nicht weiter. Es geht bergab mit uns allen, das Niveau sinkt unaufhörlich. Gerade habe ich gelesen, dass Amerikaner die Namen der drei kleinen Enten aus ›Donald Duck‹ aufsagen können, aber nicht die drei Organe der Gewaltenteilung. Es ist beschämend.«

»Du bist heute aber in einer sehr schlechten Verfassung.«

Er starrte auf die Fahrbahn. »Jemand hat Lilly angerufen und ihr gesagt, dass ich auch mit Virginia ausgehe. Worauf sie Virginia angerufen hat. Jetzt sind beide sauer.« Er schwieg eine Weile, dann sagte er düster: »Technischer Fortschritt ist der Untergang der Menschheit. Deshalb habe ich kein Telefon.« Er seufzte. Dann: »Ich könnte als Nächstes hinten im Garten den Zaun reparieren.«

»Super, wann?«

»Ich rufe dich an.«

DER WAU-EFFEKT

Bevor ich nach L. A. kam, hätte ich auf die Frage, was für eine Immobilie man sich für 165 Millionen Dollar kaufen kann, vermutlich spontan geantwortet: Berlin-Brandenburg. Oder den Sudan. Was streng genommen die Frage nicht beantwortet, aber sie konnte ja wohl auch nur eine Scherzfrage sein. Dachte ich.

Nun aber flatterte dieser Prospekt ins Haus. Eine Maklerfirma inserierte ihre Top-Angebote. Platz eins: ein Anwesen für erwähntes Sümmchen mit 7.000 Quadratmetern Wohnfläche plus Tennisplatz und Pool-Anlagen (man beachte den Plural). Zu den früheren Eigentümern zählte der Yellow-Press-Erfinder William Randolph Hearst, der dort rauschende Feste gefeiert hatte; unter demselben Dach amüsierten sich während ihrer Flitterwochen John F. und Jackie Kennedy.

Das Ganze sah höchst einladend aus, aber als ich anrief, um mich nach dem »Open House« zu erkundigen – also einem Besichtigungstermin –, lachte die Dame am Telefon herzlich und meinte, nur ernstzunehmenden Interessenten würde die Immobilie gezeigt. Womit sie meinte: Menschen, denen man zutraut, dass sie 165 Millionen Dollar zumindest anzahlen können; Bill Gates also, das saudische Königshaus und die Aldi-Brüder.

Für 165 Millionen Dollar – man kann die Zahl gar nicht oft genug erwähnen, sie wertet gleich das ganze Umfeld auf – erwarten wir Nicht-Millionäre nun mindestens, dass die Anlage sich direkt am Grand Canyon befindet, mit atemraubendem Panoramablick selbst vom zwölften Gästeklo aus (und dass der Grand Canyon im Kaufpreis inbegriffen ist). Aber nein, die Super-Immobilie ist in die Hügel hinterm Sunset Boulevard gequetscht, nur drei Blocks vom Beverly Hills Hotel entfernt, das mir in bester Erinnerung ist, weil ich dort einmal am Vorabend

der Oscar-Verleihung George Clooney Spaghetti mit Tomatensoße essen sah.

»Da gibt's ja nicht mal Park fürs Geld«, rief ich enttäuscht.

Petra, die Maklerin, schnaufte unwillig. »Auf die *location* kommt es an«, sagte sie. »Das ist die beste Gegend, du bist mitten in Beverly Hills und doch völlig ungestört. Merk dir das: *location, location, location.* Die wichtigste Regel im Immobiliengeschäft.«

So gesehen ist es verständlich, dass Strandhäuser in Malibu auch gern mal fünfundsiebzig Millionen kosten und im Sommer einige Anwesen dort für einhunderttausend Dollar vermietet werden – im Monat, versteht sich. Die Nachbarschaft ist erlesen: In Malibu residieren, zumindest zeitweise, Barbra Streisand und Mel Gibson, Sting und Brad Pitt, und der siebenundzwanzig Meilen lange Küstenstrich ist, wenn er nicht gerade von Waldbränden überrollt wird, das bestimmt schönste Stück Natur weit und breit. Die Prominentendichte ist erstaunlich hoch, und anders als auf dem Rodeo Drive sieht man sie hier in ollen Jeans und T-Shirts herumschlappen – sie machen Ferien vom Glamour, als wäre Malibu noch immer das friedliche Fischer- und Surfer-Örtchen, das es einstmals war, bevor nach der Wellenreiter-Welle das große Geld in die Gemeinde schwappte.

Zu den vielen seltsamen Leidenschaften, die Amerikaner pflegen – ich sage nur: im Baseballstadion hocken, Hot Dogs essen und dabei unattraktiven Männern in Knickerbockers beim Rumstehen auf dem Grün zugucken –, zählt die Beschäftigung mit Wohnraum. Der Begriff »Real Estate« beschreibt anders als seine deutsche Entsprechung nicht einfach die Immobilie, die es zu möblieren und bewohnen gilt, sondern einen Zeit, Geld und Energie fressenden Sport. Eine Manie. »Real Estate«-Freaks verschlingen die Immobilienanzeigen ihrer Tageszeitungen, wissen genau, wie viel ihr Haus wert ist und wie viel das ihrer Nachbarn, und checken fieberhaft Internetseiten wie »www.zillow.com«, auf denen das markttypische Auf und Ab ihres Grundbesitzes gelistet ist (Ab; derzeit vor allem Ab. Ende 2006 brach bekanntlich der Hypothekenmarkt zusammen, den Tausende Kleinstverdiener mit Größtkrediten künstlich aufgeblasen hatten, seitdem ist das Geschrei groß). Als ich in die USA zog, galt die Immobilienbranche als Goldgrube, etwa vergleichbar mit dem Aktienboom der neunziger Jahre. Viele Hausbesitzer spekulierten darauf, ihr Eigentum mit üppigem Gewinn zu veräußern und dann selbst ein Schnäppchen zu machen beim Deal mit Verkäufern, die nicht ganz so geschickt vorgingen wie sie selbst. Der Markt war ständig in Bewegung, und die Preise kannten nur eine Richtung: nach oben.

Im Fernsehen gibt es einen Kanal, der sich rund um die Uhr mit dem Verkauf, Erwerb und der Renovierung von Häusern und Wohnungen beschäftigt. In den beliebtesten Sendungen werden Paare auf der Immobilienpirsch begleitet (»House Hunters«) und Maklertricks verraten, wie man das Erscheinungsbild seines Eigenheims aufhübscht, um Käufer zu locken. So fing das »Real Estate«-Fieber bei mir an: Ich flog einmal von L. A. nach New York mit einer Fluglinie, die keine Spielfilme, sondern live Satelliten-TV anbot. Wegen irgendwelcher Luftwirbel über der Prärie empfingen wir jedoch nur einen Sportkanal (Männer in Knickerbockers? Nein, danke) und »Home and Garden Network«, ebenjenen Spezialistensender für Häuslebauer und -besitzer. Als ich nach fünf Stunden an der Ostküste landete, war ich süchtig.

Ich verfolgte nun jede Woche in der Immobilienbeilage der Lokalzeitung, welche berühmten Architekten-Häuser für welche Summen den Besitzer wechselten, wohin es Soap-Stars nach dem ersten »Emmy« zog (weg aus dem Valley in Richtung Hollywood-Hügel) und wie viel Brad Pitt und Jennifer Aniston nach der Scheidung für ihr gemeinsames Haus in Beverly Hills bekamen (fast sechs Millionen Dollar weniger als erhofft – ich litt mit den beiden: erst der Trennungsschmerz und dann nur lumpige zweiundzwanzig Millionen Dollar fürs einst traute Heim).

Bald sah ich ganz deutlich und durchaus mit Verständnis, welche Obsession mein Gastgeberland in kürzester Zeit mit *Cathedral Ceilings* und *Granite Countertops* entwickelt hatte, das sind extrahohe Decken und Arbeitsflächen aus Naturstein (man lernt nie aus). Immer häufiger stolperte ich über den Begriff »Wow-Effekt«, wenn Firmen ihre Renovierungsarbeiten und Neubauten anpriesen – du machst die Tür auf und – wow! Du gehst ins Bad – wow! Du siehst das Schlafzimmer und – wow! (Offenbar galt es als erstrebenswert, wenn das Betreten der Immobilie die gleichen Empfindungen weckt wie der Anblick der sinkenden »Titanic«). Von Seattle bis Savannah, von Boston bis San Diego planten sich Hausbesitzer in Rage, mit Anbauten, Umbauten, Ausbauten. Jede Datscha wurde aufgewertet mit altarähnlichen Elektroherden und opernhaften Nasszellen, alles aus diesem irrationalen Bedürfnis nach immer größeren, immer eindrucksvolleren Bauten. So wie die US-Bürger im Lauf der Jahre immer dicker wurden, wuchs der tapezierte Raum um sie herum; selbst Amerikas Häuser litten an Fettsucht.

Und gar jetzt, wo die Hypothekenkrise Familien in den Bankrott treibt, ist er ungebrochen, der Traum vom Eigenheim. Das nämlich sei der »American Dream«, werde ich immer wieder belehrt, und langsam habe ich den Eindruck, dass der ganz schön überladen ist, der »Amerikanische Traum«. Was muss er nicht alles bergen – den Anspruch auf Freiheit und auf Gleichheit und das Recht auf Glück und das Recht auf einen Revolver; man kann nur hoffen, dass er mindestens 7.000 Quadratmeter Fläche und *Cathedral Ceilings* hat; wow und nochmals wow.

Einmal ging ich mit dem Hund in einer Gegend spazieren, in der man sich überhaupt nur mit Hund bewegen kann. Es gibt in L. A., wie in jeder Metropole der Welt, sogenannte »No-go-Areas«, Viertel, um die man als Spaziergänger tunlichst einen großen Bogen macht. In Johannesburg ist es Soweto, in Rio sind es die Favelas, in L. A. ist es unter anderem Beverly Hills. Man kann dort nämlich gar nicht gehen. Ganz einfach, weil es keine Gehwege gibt. Nur Straße. Also kurven Kleinbusse voller Touristen durch die Hügel, und aus gedimmten Lautsprechern hört man Ansagen, wer in welcher Villa zu Hause ist und wo Elvis nächtens einsam seine Cheeseburger verdrückte. Mit Hund aber stapft man unbeirrt durch jene fußgängerfreien Zonen. Holmby Hills zum Beispiel; das ist ein Stadtteil zwischen Bel Air und Beverly Hills. Die drei bilden das sogenannte Platin-Dreieck, also eine hochexklusive geografische Dreieinigkeit aus Reichtum, Geldadel und Vermögen. Hugh Hefner errichtete hier sein »Playboy Mansion« – gewidmet der ebenso bedeutenden Dreieinigkeit aus Sex, Frivolität und Vergnügen –, und ebenso in Holmby Hills befindet sich der Ansitz des milliardenschweren Produzenten Aaron Spelling, Gott hab ihn selig, der einst die deutsche Fernsehnation mit der gesellschaftlichen und monetären Bedeutung amerikanischer Postleitzahlen vertraut gemacht hat: In seiner Seifenoper »Beverly Hills, 90210« repräsentierte bekanntlich ein Haufen reicher junger Schnösel den begehrtesten »Zip Code« des Westens. Ein »Nine-oh-two-one-oh« in der Adresse hebt den Wert einer Immobilie um – oh-oh – Tausende Dollar.

Die Bergstraßen waren schmal und still, nur streckenweise verliefen Grünstreifen entlang hoher Zäune und buschiger Hecken. Der Welpe fand es trotzdem toll, wahrscheinlich hatten die Haustiere der ortsansässigen Multimillionäre, die dort von mexikanischen Haushälterinnen ausgeführt wurden – die Hunde, selbstverständlich –, überall Pinkelbotschaften hinterlassen. Georgie liebte es, sich zwischendurch mal im Gras zu wälzen, bevorzugt auf so gesättigten, dichten Grünpolstern wie vor den Villen von Holmby Hills (der Snob). Nahe einem großen Tor also warf er sich auf den Rücken, drehte sich dann mit von sich gestreckten Hinterbeinchen flach auf den Bauch und machte keinerlei Anstalten weiterzulaufen. Es blühten die Hortensien, es summten die Hummeln, es zwitscherten die Vögel, und »Komm, Georgie«, flötete ich. Da öffnete sich lautlos das Gatter, und ein Mann im Anzug schlenderte heraus, als wolle er mal eben Zigaretten holen.

»Guten Tag, Ma'am«, sagte er gemütlich.

»Ma'am« hasse ich. »Ma'am« ist der Gruß für ältere Damen und in John-Wayne-Filmen für alles, was einen Rock anhat; »Ma'am« macht automatisch zwanzig Jahre älter und blasenschwach. Ich lächelte knapp, Georgie wedelte im Liegen mit dem Schwanz.

»Basenji?«, fragte der Anzugträger mit einer Kopfbewegung zum Hund.

»Gesundheit!«, sagte ich. Blöder Kalauer, aber ich wollte nicht mit dem Mann sprechen. Ich zog an der Leine. Der Hund lag wie ein Stein.

Der Anzugträger blickte kurz verwirrt, dann grinste er. »Na, dem gefällt's aber hier.«

Georgie setzte sich auf und leckte ausgiebig seine Unterbauchgegend.

Der Mann steckte die Hände in die Hosentaschen und fragte so beiläufig wie möglich: »Wohnen Sie hier in der Nähe?« Er wollte offenbar nichts anderes, als uns kontrollieren.

»Um die Ecke, grad hergezogen«, murmelte ich. »Sie sehen nicht oft Fußgänger hier, nicht wahr?«

»Leider schon«, erwiderte er. Und fügte dann schnell und in seltsam verschwörerischem Ton hinzu: »Durch einen Fehler in der Star-Karte.«

Er sprach wohl von diesen Verzeichnissen, die man von fliegenden Händlern kaufen konnte: Stadtpläne, in die der Wohnort von Prominenten eingezeichnet war. Er raunte: »Gegenüber das Haus gehört angeblich Brad Pitt. Angeblich. Er wohnt nicht dort. Ich habe ihn nie da gesehen. Aber immer fahren diese Busse vorbei, und manchmal kommen Touristen mit Stadtplänen in der Hand und stehen vor dem Haus. Einmal haben sie sogar geklingelt. Gefragt, ob Brad Pitt zu Hause ist.« Er stieß ein keuchendes Lachen aus. »Denken Sie mal.«

Ich hatte den Eindruck, dass er doch recht einsam sein musste in seiner Überwachungszentrale hinterm Tor. »Und?«, sagte ich. »War er?«

Er keuchte noch mal. »Ich sehe Brad Pitt nur im Kino.« Er tätschelte dem Welpen den Kopf, worauf der endlich aufstand, an dem Mann hochsprang, zwei Pfotenspuren aus feuchter Erde in der Leistengegend hinterließ und schnurstracks über die Straße zog, zu Brad Pitt.

»Man sollte den Leuten doch ihre Privatsphäre lassen«, sagte ich anbiedernd, während ich durchs offene Tor auf das Anwesen spähte, als säße Brad im Küchenfenster.

»Sie sagen es«, seufzte der Anzugträger und klopfte sich die Hosen ab. »Na, schönen Abend noch, ich sehe Sie bestimmt bald wieder«, und dann wies er mit dem Daumen auf die Kamera an der Seite des Tors, deren unbeteiligtes Glasauge auf uns gerichtet war. Den Zaun entlang, im Gebüsch: überall Kameras. Er grinste mich an. »Und willkommen auch in der Nachbarschaft.«

Er wandte sich um und ging durchs Tor, das sich geräuschlos wieder schloss. Georgie strebte dem Wachmann hinterher, und als er das Metall des Tores vor der Nase hatte, hob er das Bein und pinkelte dagegen. Ich war begeistert. Es war das erste Mal in seinem jungen Leben, dass er das Bein gehoben hatte.

Natürlich hatte ich gelogen. Mitnichten wohnte ich »um die Ecke«. Aber nur Stunden zuvor war ich mit Petra, der Maklerin, in eine dieser kleinen Seitenstraßen nördlich des Sunset Boulevard gefahren, weil sie mir ein Haus zeigen wollte. Vielleicht drei, vier Autominuten von der Holmby-Hügelprominenz entfernt in den Bergen von Bel Air. Ein taubengraues Eckhäuschen mit Erkern und weißem Palisadenzaun. Es stand leicht erhöht am Ende der Straße, umwachsen von Efeu und Heckenrosen, gesäumt von Bergahorn- und Redwood-Bäumen. Wir parkten unter Platanen und gingen zur Rückseite, spähten durch einen hohen Holzgitterzaun, um den sich wilder Wein rankte. »Wie viel?«, fragte ich. Petra nannte den Preis. Ich lachte auf. »Denk dran, wie viel Miete du zahlst«, sagte sie und zupfte ein paar Trauben ab. »Ja, aber: ein Haus kaufen!«, erwiderte ich nervös. »Du kannst es dir ja ausrechnen lassen«, schlug sie kauend vor.

So fing es an, mein »Real Estate«-Abenteuer. Ich beschäftigte mich plötzlich allen Ernstes mit der Frage, ob ich amerikanischen Grund und Boden kaufen sollte. Ich musste verrückt geworden sein! Dabei lag alles an der armen Toten.

Die Geschichte mit Georgie war mir nämlich aus dem Ruder gelaufen. Ich hatte, kaum dass er im Haus war, Pam, meiner Vermieterin, gebeichtet, dass ich »ab und zu auf den Hund einer Freundin« aufpasste. Das Tier sei aber schon alt und sehr behäbig und überaus wohlerzogen; all das erzählte ich ihr am Telefon, während der Welpe munter im Garten umherstratzte, ein bisschen am Zitronenbaum buddelte, den Wasserschlauch zernagte, um anschließend draufzupinkeln, und schließlich begeistert die Fliegengittertür zu meinem Büro attackierte.

»Verkratzt er die Holzböden?«, fragte Pam misstrauisch. »Aber nein, er hat praktisch keine Krallen mehr und will sowieso nicht viel laufen!«, erwiderte ich begütigend. »Du würdest gar nicht merken, dass ein Hund im Haus ist, wenn ich es dir nicht gesagt hätte. Aber ich bin nun mal ehrlich.« Tatsächlich sorgte ich mich, dass Nachbarn Pam von dem süßen Hund erzählen könnten, der neuerdings immer mit ihrer Mieterin spazieren ging – jawohl, er vorneweg, ich hechelnd hinterher. Georgie war innerhalb weniger Wochen perfekt in seinen Namen hineingewachsen: Er war so niedlich, dass wildfremde Autofahrer am Straßenrand hielten und mich fragten, was für eine Rasse das sei. In Vermutung dieses Extra-Charmes hatte ich ihn ja schließlich nach George Clooney benannt. Kinder wollten mit ihm spielen, Mütter ihn knuddeln und küssen, und selbst erwachsene Männer – die ja traditionell so tun, als wären nur Kaniden über achtzig Pfund »richtige Hunde« – meinten anerkennend, der Kleine sei sehr aufgeweckt und habe schön dicke Pfoten. Soll heißen: wird einmal ein großer, also ein richtiger Hund.

Irgendwann erkundigte sich Pam erneut nach dem unerwünschten Untermieter, und ich erwiderte in ernstem Tonfall, meine Freundin sei leider schon wieder verreist, nach Deutschland diesmal, sie bleibe länger. Dann wurde die arme Freundin krank. In Übersee. Wurde kränker und kränker. (»Ich kenne mich ja nicht aus mit Hunden«, sagte Pam einmal argwöhnisch, »aber erinnert der sich überhaupt noch an seine Besitzerin?«) Schließlich verstarb sie im Kreise ihrer deutschen Verwandtschaft. »Was für eine Tragödie«, sprach ich düster, »nun ist der Hund Vollwaise.«

»Wenn er bleibt«, sagte Pam, »wird die Miete erhöht.«

Und zwar auf exakt den Betrag, den ich meiner Bank schulden würde, nähme ich einen Kredit auf für das Häuschen in Bel Air. Wenn das kein Zeichen war!

Als ich der Australierin erzählte, dass ich aus den Palisades wegziehen würde, war sie ehrlich betrübt. Nicht so sehr wegen mir. Aber einmal hatte ich ihr – Pams Besuch drohte – die Hundeleine in die Hand gedrückt und sie mit Georgie auf einen Gang zu den Klippen geschickt. Sie lernte prompt einen Kino-Regisseur mit Beagle kennen, der sie zum Vorab-»Screening« seines neuen Films einlud. »Ein Heiratsinstitut auf vier Beinen«, seufzte sie. »Ich hätte ihn gern noch ein paarmal ausgeliehen.«

Tom stoppt den Pick-up-Truck in meiner Garageneinfahrt und klettert aus dem Wagen, der mit Hölzern für die Veranda beladen ist. Tom kommt mir auch irgendwie beladen vor, er scheint schon auf der Fahrt einen Joint geraucht zu haben. Seine Augen glänzen, er kichert wie ein zwölfjähriges Schulmädchen. Während Georgie an ihm hochspringt (»Nein, Georgie, runter, Georgie!«, rufe ich), öffnet sich die Fahrertür, und Mel Gibson steigt aus. Der junge Mel Gibson, so etwa aus der Mad-Max-II-Ära. Der Hund lässt ab von Tom und schnuppert an dem Fremden.

»Das ist Phil«, sagt Tom und kichert.

Phil ist Toms Kumpel und zudem Zimmermann, er wird die Veranda reparieren. Tom hat mir schon üble Geschichten von ihm erzählt – er sei frisch verheiratet und betrüge seine Frau nach Strich und Faden; »Phil ist ein Schwein«, sagt Tom bewundernd.

Mel Gibson schaut mich mit unglaublich blauen Augen an und drückt mir fest die Hand. »Danke für den Auftrag. Wir fangen gleich an.« Er wendet sich zum Hund und macht eine spielerische Geste, Georgie ist sofort verliebt und springt wie angesengt um ihn herum. Tom kichert, aber er würde auch kichern, wenn eine Tannennadel zu Boden fiele oder ich blinzeln müsste.

Lächerlicher ist indes, dass ich kaum blinzeln kann, weil Mel Gibson seinen blauen Blick wieder in meine Augen gesenkt hat. »Schöner Hund«, sagt er.

Georgie fiept vor Glück. Er kann es kaum fassen. Er ist einem Alpha-Hund begegnet.

»Sauhund«, sagt Tom und kichert. Ich weiß nicht, wen er meint.

FRISCHFLEISCH

Der Mulholland Drive, hat Hollywood-Kenner David Thompson einmal geschrieben, erinnere ihn an eine auf der Seite liegende Marilyn Monroe, wie sie sich auf dem steinigen Kamm der Santa-Monica-Berge räkelt: die Zehen gekitzelt vom Verkehr des 101-Freeways im Osten, in ihren vollen Schenkeln Mulhollands reichster Abschnitt, die Villen der Stars, beidseitig in die Böschungen entlang der Straße gewürfelt. Folgt man Marilyn-Mulholland von Ost nach West, windet man sich in Los Angeles' Vergangenheit hinein: von den üppigen, gepflegten Anwesen im Laurel- und Coldwater-Canyon in eine harte, struppige Wildnis; aus dem Rot blühender Bougainvilleen und dem satten Grün überwässerter Rasen in fahle Berge, wo Klapperschlangen am Rand des Weges dösen und nachts Kojoten den Mond anheulen. Dreizehn Kilometer des Mulholland Drive sind für Autos gesperrt – eine *dirt road.* Eine holprige, staubige Schneise durch Geröll, dorniges Gebüsch, wilde Sonnenblumen und Einsamkeit; wer weiß, wie viele Gangster hier früher ihre Opfer entsorgt haben; wer weiß, wie viele es heute noch tun. Benannt ist die Straße jedenfalls nach einem Gangster – oder sagen wir: nach einem skrupellosen Politiker, der sich für L. A. als Segen erwies, weil er aus einem Tal in Zentralkalifornien über einen 360 Kilometer langen Aquädukt Wasser ableitete, was dort eine Wüste schuf und der Wüste hier Palmen und Orangenhaine, wuchernde Gärten und Erdbeerfelder abtrotzte.

Als ich das erste Mal am Mulholland Drive spazieren ging – dort, wo die Schlaglöcher so tief sind, dass ein Smart darin verschwinden würde –, konnte ich mein Glück über diese »Entdeckung« kaum fassen. Eine Handvoll Wanderwege führt von der *dirt road* in die Bergwelt; nach Osten hin entrollt sich der endlose urbane Teppich des San Fernando Valley, im Westen sieht man die Stahltürme von Downtown und das dunstige Blau des Pazifiks. Man befindet sich mitten in einer Millionenmetropole, und es ist kein anderes Geräusch zu hören als das träge Kreischen von Bussarden, die im tadellos blauen Himmel ihre Kreise ziehen. In aller Herrgottsfrühe schnappte ich nun immer den Hund und fuhr mit ihm die Canyon-Straße hinauf, an der das neue Haus stand, bis zum Mulholland Drive, dann stapften wir durch die grünen, im Sommer braun verbrannten Buckel.

»Es ist ein Paradies«, sagte der Mann mit den zwei Jagdhunden, den ich regelmäßig auf dem *trail* traf. Als er hörte, dass ich aus Deutschland kam, schwärmte er von Hamburg – jedes Jahr fahre er mit seinen Kollegen dorthin, zum Polospielen. Sein Gewerbe: die Schönheitschirurgie.

»In L. A.?! Sie müssen alle Hände voll zu tun haben!«, platzte ich heraus.

Er könne sich nicht beklagen, erwiderte er. Wenngleich der Druck, immer frisch und makellos auszusehen, in dieser Stadt so groß sei, dass die attraktivsten Frauen Komplexe bekämen. Neulich habe er ein atemberaubend schönes Mädchen nach Hause geschickt, das eine neue Nase haben wollte. »Aber Ihre Nase ist perfekt!«, habe er gerufen. Sie sei beinahe in Tränen ausgebrochen. Die Nase sei zu gerade, sie leide wie ein Hund unter der geraden Nase.

»Und?«, fragte ich. »Haben Sie?«

»Nein!«, sagte er entrüstet. »Sie ging zu einem Kollegen, der keinerlei Bedenken hatte, ihren perfekten Nasenrücken zu zertrümmern. Er gab ihr eine Stupsform, die Nasenlöcher saßen wie eine Steckdose im Gesicht. Das Mädchen war am Boden zerstört. Also kam sie wieder zu mir. Und ich habe ihr geholfen.« Er seufzte. »L. A. ist die Hölle für schöne Menschen. Überall sonst sind sie etwas Besonderes. Hier ist jeder schön.«

Das ließ ich mal so im öffentlichen Raum stehen. Er selbst sah nicht aus, als habe ein Kollege schon mal Hand angelegt, aber auf einem späteren Spaziergang erzählte er freimütig, dass er seinen Nacken habe operieren lassen: Er könne es nicht ausstehen, wenn sich schlaffe Haut über den Hemdkragen rolle. »Alt werden ist nichts für sensible Gemüter«, brummte er. »Denken Sie an Marilyn Monroe, die war erst sechsunddreißig, als sie sich das Leben nahm. Heutzutage könnten wir so viel für sie tun.«

»Sie meinen ...«

»Ein Lifting, aber ja! Ich straffe nur so viel, dass es ganz natürlich aussieht, wie nach einem Frühlingsspaziergang. Haben Sie meine Frau kennengelernt? Sie würden nicht eine Sekunde denken, dass sie auf die sechzig zugeht.«

Als ich die Gattin mit den beiden Jagdhunden einmal traf – sie sah keinen Tag älter aus als Marilyn in ihrer letzten Stunde – und wir auf die Profession ihres Mannes zu sprechen kamen, rief sie gleich fröhlich: »Oh, er hat mich viele Male operiert! Die Augen, den Mund ...«

»Den Mund?«, unterbrach ich staunend, denn ihre Lippen erinnerten mitnichten an Gummireifen.

»Keine Füller, ts, ts«, sagte sie, »die Altersfältchen hat er weggemacht. Außerdem ein leichtes Stirn-Lifting und eine Straffung der Kinnpartie. Und ein bisschen Botox. Finden Sie, ich sehe operiert aus?!« Sie schaute mich mit fragend aufgerissenen Augen an, und ich verneinte sofort, auch wenn mir später auffiel, dass der fragende Ausdruck niemals ganz aus ihrem Gesicht verschwand.

Runde Kinderaugen, das ist das Schönheitsideal sechzigjähriger Frauen in diesem Land. Wahrscheinlich würden sich viele, wenn sie könnten, so ein unentwegt staunendes Babyface zulegen. Immer die Jugend im Gesicht, immer die Zukunft. L. A. hat kein Interesse am Präteritum. Selbst Menschen, die über eine Vergangenheit verfügen – und wer von uns kann das schon mit Stolz behaupten –, möchten sie gern löschen in dieser Stadt, in der alle jung und Frischfleisch sind. Vor einiger Zeit sah ich Priscilla Presley im Fernsehen. Sie nahm teil an der immens erfolgreichen Show »Dancing With the Stars«, tanzte im Arm eines Profis Woche für Woche Walzer, Rumba, Cha-Cha-Cha. Ihr Anblick war so gespenstisch, dass die L. A. Times sarkastisch eine »Kopf-Transplantation« unterstellte: Die Frau, die einst Elvis Presley geheiratet und dafür von der ganzen Welt beneidet und später bemitleidet worden war, sah aus wie eine Marzipanpuppe, ihr Gesicht aufgepumpt und straffgezurrt zugleich, offenbar völlig unbeweglich, die Wangen kindlich rund erstarrt, das Lächeln wie eine schmerzhafte OP-Wunde.

Ich weiß noch, wie ich einmal an der Supermarktkasse hinter einer frisch operierten Frau stand. Als sie sich umwandte und ich ihr Gesicht erblickte, zuckte ich zusammen, nicht so sehr vor Schreck, sondern aus Mitgefühl; ich war überzeugt, ein Unfallopfer oder eine geprügelte Hausfrau vor mir zu haben. Um ihren geschwollenen Mund sah man deutlich die schwarz angelaufenen Einstichlöcher der Spritze, mit der die Lippen gepolstert worden waren; die Augen, immerhin verborgen hinter einer Sonnenbrille, lagen in pflaumenblauen, blutverkrusteten Höhlen. Sie machte leichthin eine Bemerkung über die an der Kasse ausliegenden Klatschheftchen und benahm sich, als hätte sie allenfalls einen Klecks Zahnpasta am Mundwinkel. Etwas irritierend Fröhliches ging von ihr aus, eine fast trotzige Zuversicht, dass sie in spätestens zwei Wochen schöner sein würde als jede einzelne Frau hier von der Obstabteilung bis zur Käsetheke.

Dabei sehen viele gar nicht schöner oder jünger aus – sondern nur operierter. Das Geschäft mit der *plastic surgery* ist in den USA, speziell natürlich in Hollywood, völlig außer Kontrolle geraten. Das begütigende Grundrauschen, das uns mitteilt, ein jeder solle nach seiner Fasson glücklich werden und ein bisschen

»Frischmachen« hie und da habe noch nie geschadet, ist einer generellen Sprachlosigkeit gewichen: Man schaut in Gesichter, die man seit Jahren kennt und doch nie gesehen hat, und weiß nicht, ob und wie man reagieren soll. Komplimente über die neuen Apfelbäckchen? Das hieße, die Kunst des Chirurgen anerkennen – und nicht jeder, der sich unters Messer legt, will es zugeben. Die meisten, die straffen und füllen und absaugen lassen, wollen eben aussehen wie nach erwähntem »Frühlingsspaziergang«, auch wenn ihre Stirnen vor lauter Botox blank und reglos sind wie Toilettenspülkästen. Und statt des Frischlufteffekts sehen sie aus, als steckten sie im Windkanal.

Auf unseren Morgenwanderungen traf ich manchmal eine Frau mit dem gleichen tragischen Puppengesicht wie Priscilla Presley; neulich hatte sie einen großen blauen Fleck am Auge, und der Schönheitschirurg erklärte mir, das sei eine Reaktion auf die Botox-Spritze. Darauf ich: »Aber das sieht doch ganz und gar unnatürlich aus! Sie kann kaum mehr blinzeln!« Der Chirurg brummte, nach ein paar Monaten lasse die Wirkung des Nervengifts ohnehin nach und die Lähmung löse sich wieder, die Arme habe eben ein wenig übertrieben. Er behandle viele Schauspielerinnen, die zwischen zwei Filmauftritten ihre hochbezahlten Mienen auf diese Weise »entspannten« – »still legen!«, fiel ich ihm ins Wort –, das beuge der Faltenbildung vor. Ich knurrte, ich sähe mir »Desperate Housewives« nicht mehr an, um meiner Faltenbildung vorzubeugen – es sei ja wohl besorgniserregend, mit wie viel Botox die Ladys in der Wisteria Lane vollgestopft seien. Ich erzählte vom deutschen Hollywood-Regisseur Wolfgang Petersen, der in einem Interview einmal mit Schaudern verraten hatte, dass man mit manchen Schauspielerinnen gar nicht mehr arbeiten könne – ihre Mimik sei so drastisch reduziert, da gebe es keine Nuancen mehr, nur noch Ausrufe- und Fragezeichen. Oder man buche sie für einen Film, und Monate später am ersten Drehtag tauchten sie auf und seien

»kosmetisch« runderneuert – und kaum wiederzuerkennen. Der Schönheitschirurg schwieg eine Weile, wir trotteten nebeneinander her, und ich befürchtete, ihn in seiner Berufsehre gekränkt zu haben. Schließlich sagte er, mit einem nachdenklichen Blick über die im Morgennebel liegenden Berge von Santa Monica: »Es ist wie mit dem Fremdgehen. Man weiß nur von denen, die erwischt werden. Aber man ahnt, wie viele es trotzdem tun.«

Wir hatten erst die Hälfte unserer Strecke bewältigt, da drehte er um. Nun war ich sicher, ihn beleidigt zu haben, und wollte zu einer Entschuldigung ansetzen, aber er grinste mich kumpelhaft an. »Ich muss zurück, derzeit ist in meiner Praxis die Hölle los. Sie können sich denken, warum!«

»Bitte lassen Sie mich nicht die Stirn runzeln, ich habe keine Ahnung.«

»Bald ist Oscar-Verleihung!« Er pfiff die Jagdhunde herbei und schlug seinen Jackenkragen über den makellos glatten Nacken. »Sie sollten hingehen, da sehen Sie, was unsereins so tut. Und wenn Sie es nicht sehen«, er zwinkerte mir zu, »dann ist es von mir.«

»Nun nennen Sie schon Namen!«, rief ich ihm nach, aber er lachte bloß.

Vertreter anderer Branchen, die sich der Schönheitspflege berühmter Zeitgenossen widmen, sind nicht ganz so zurückhaltend. William Dorfman zum Beispiel, ein Zahnarzt, der sich durch die Fernsehsendung »Extreme Makeover« landesweit den Spitznamen »America's Dentist« erwarb, plauscht bereitwillig über Prominentengebisse, die er »perfektioniert« hat. Ihr Lächeln ist seine Visitenkarte: Die Starlets Anne Hathaway und Jessica Simpson zählen zu seinen Kunden, dito der britische Metal-Rocker Ozzy Osbourne, der wie alle Engländer laut Dorfman ursprünglich über erbärmliche Mundwerkzeuge verfügte. In der Fernsehshow verhalf der Zahnarzt als Mitglied eines Teams von Schönheitschirurgen, Friseuren, Fitnesstrainern und Make-up-

Künstlern ganz normalen Amerikanern – nein, seien wir ehrlich: ziemlich hässliche waren es – zu einem angenehmen Äußeren. Da musste der telegene Dorfman, der aussieht wie ein Mailänder Dressman, die begehrten Perlreihen oft aus Ruinen hervorzaubern. In Hollywood aber, wo jeder Patient von vornherein ein steiler Zahn ist, konzentriert er sich aufs Kosmetische: Zähnebleichen ist sein großes Geschäft, bis zu acht Schattierungen heller schafft er pro Sitzung. »Weiße Zähne sind junge Zähne«, sprach Dorfman, als ich ihn in seinem Firmengebäude in Culver City traf, einem halbindustriellen Stadtteil nahe dem Flughafen von L.A. Dort produziert und verwaltet er sein patentiertes Bleichmittel, das ihn reich und berühmt gemacht hat. »Wenn Patienten zu mir kommen und sagen, sie möchten lächeln wie Halle Berry, dann schaffe ich das«, sagte er vergnügt. »Das ist meine Mission.« Und keck blitzten seine Beißerchen.

Wie der Schönheitschirurg schwor auch er, niemals zu übertreiben, aber es muss eine Menge Zahnärzte in der Stadt geben, die mit Sonnenbrille auf der Nase weißeln. Wenn Hollywood lächelt, dann geht neuerdings ein Licht auf. Eine megaweiße Mundbestuhlung ist für die Stars nicht mehr das Nonplusultra, sondern normal. Und was im Fernsehen und auf der Leinwand vielleicht noch wie ein Eins-A-Grinsen rüberkommt, sieht im wahren Leben aus wie eine belippte Neonröhre.

Millionen Amerikaner finden das toll. Der Umsatz von »Bleaching«-Sets für den Hausgebrauch ist in den vergangenen Jahren explodiert, aus den Regalen der Drogeriemärkte lachen einem zwei Handvoll verschiedene Systeme entgegen. Mein Zahnarzt ist Japaner, ein ernster Mann mit blitzsauberem Haifischgebiss, der echte Freude zu empfinden scheint, wenn ihm die Reparatur eines kariösen Prämolaren gelingt, ohne dass die Patientin Schmerz empfindet. (»Wie war dein Tag, Ehemann-san?«, fragt abends über der Misosuppe die Gattin im Kimono. – »Zahnbestand gesichert«, murmelt stolz Dr. Nishikawa. – »Haben Frauen geweint, Ehemann-san?« – »Nicht eine«, flüstert Dr. Nishikawa und beugt das Haupt, ehe er mit seinen spitzen weißen Zähnchen ein paar Scampi erdolcht.) Ich hielt ihn für das letzte Bollwerk gegen die frivolen Gelüste des Westens, aber eines Tages fragte Dr. Nishikawa mit leicht gequälter Stimme, ob ich bleichen wollte. Viele Patienten, schickte er hinterher, wünschten dies; er klang, als müsste er auf Druck der japanischen Mafia seine Klientel zum Strippen an der Stange überreden. Er schickte eine neue Assistentin, offenbar aus seinem Heimatland, die Plastikabdrücke von meinen Kiefern machte und mir dann mit starkem Akzent die Handhabung der Bleichmittelampullen erklärte.

»Musst sie füllen in Abdruck, gaaanz wenig«, sprach sie laut und eindringlich und spritzte demonstrativ ein bisschen von der zähen Flüssigkeit in das Halbrund der Plastikmaske.

Wann immer ich eine Frage stellte, nickte sie heftig (um zu verneinen); vermutlich beklagte sie sich später bei Dr. Nishikawa über mein unverständliches Englisch. »Wie lange muss ich das tragen?« – »Ist nur bis zum Rand füllen, nur gaaanz bis hierher.« – »Und dann, wenn es im Mund ist, wie lange?« – »Aber ja, natürlich in Mund! Wo sonst? Abdruck auf Zähne.« – »Jaja, schon klar, Abdruck auf Zähne, aber wie lange?« – »Nur kleines bisschen Ampulle.« – »Gut, und wie lange im Mund, eine Stunde?« – »Vier, fünf Tage.« – »Ich laufe vier, fünf Tage mit diesem Ding rum?!« – »Nein! Stunden! Fünf Tage! Im Mund!« Ihr Mandelblick war wie mit Ankern in meine Augen geschlagen, als machte sie sich Sorgen, ich würde die Ampullen sofort injizieren.

Ich saß brav drei Tage lang jeweils eine halbe Stunde mit der widerwärtig schmeckenden Gummihülse auf den Zähnen in meiner Wohnung, dann blutete mein Zahnfleisch, und ich rief jammernd Dr. Nishikawa an. (»Haben Frauen geweint, Ehemann-san?« – »Eine«, wisperte er abends über der Misosuppe und dachte an Harakiri.) Die Ampullen liegen noch heute praktisch unberührt in meinem Badezimmer. Soll Hollywood doch leiden fürs perfekte Lächeln. Für mich ist leichter Gilb in Ordnung. Ich muss schließlich nicht auf den Roten Teppich.

Und dann landete ich genau dort.

Aber natürlich nur am Rande. Wortwörtlich am Rand des Teppichs; als ich mich einmal von meiner zugewiesenen Position entfernte und neugierig über den roten Filz schlenderte, schlug ein Schwarm aufgeregter junger Frauen mit Headsets (Achtung! Lizenz zum Journalistentöten!) Dutzende von Krallen in meinen Nacken und schleppte mich zurück zur Pressetribüne. Wir alle trugen Abendkleider, die einigermaßen neu aussahen (brandneu in meinem Fall), und bemühten uns tapfer, mit unserem Umfeld zu verschmelzen, was in etwa der Anstrengung eines Warzenschweins gleichkam, in einem Feld voller Schmetterlinge nicht aufzufallen. Wir befanden uns nämlich auf den glamourösesten fünfhundert Quadratmetern der Welt: auf der Paradestrecke vor dem Kodak Theater in Hollywood kurz vor der Oscar-Verleihung.

Hubschrauber dröhnten am Himmel, auf der Zuschauertribüne brüllten sich Fans die Stimmbänder zu Sandpapier, und unter dem Operationslicht Dutzender Kameralampen strahlten und glimmerten der Filmwelt A-, B- und A-plus-Liste. Die Stars betraten den Roten Teppich, dort, wo normalerweise der Verkehr von Hollywood- und Highland Boulevard sich kreuzt (aus gegebenem Anlass war die halbe Stadt gesperrt), und wurden dann von ihren Publizisten und anderen Mitarbeitern der Oscar-Gala, die allesamt aussahen wie Geheimagenten, an einer langen, laaaangen Reihe von Fernsehkameras vorbeigeführt. Dicht an dicht stehen dort jedes Jahr TV-Vertreter aus aller Welt, das ZDF neben Rai Uno, die Briten neben Brasilianern, immer vorneweg ein geschminkter Mensch mit Mikrofon und auffälliger Robe, dahinter ein mürrischer Kameramann in schlecht sitzendem Anzug, dem der Kameramann von nebenan – sorry, scusi, pardon, 'schulligung – soeben den Ellenbogen ins Gesicht geschlagen hat, im Eifer des Gefechts. Der geschminkte Mensch vorne ist der Moderator, der den Star vor die Kamera locken und zu einem fröhlichen kleinen Interview animieren soll; meistens handelt es sich um leicht bekleidete Damen, in deren Dekolleté Jack Nicholson bequem eine Zigarre qualmen könnte.

Der Rote Teppich ist L-förmig, am Ende des längeren Teils warten die Luxus-Separées einheimischer Fernsehstationen – dort empfängt unter anderem der Vorabendmoderator Billy Bush, Cousin des früheren Präsidenten, sowie eine Reihe erwähnter leicht bekleideter Damen (die ihren Job keinesfalls schlechter machen als Billy, aber nicht so berühmte Verwandte haben). Nach der Kurve geht es in den Saal: Unmittelbar davor sind die Fotografen aufgestellt – jeder hat etwa so viel Platz wie ein Batteriehuhn –, es folgt die letzte Pose vor der Chose. Zwischen die meist ohrenbetäubend brüllenden Fotografen (»Nicole! Hierher sehen! Nicole!! Zu mir! Zu mir! Niiiiicooooole!!!!!«) und die prächtigen Plauschecken der Klatschmagazine wie Entertainment Tonight und Access Hollywood sind wir gequetscht, die internationale Zeitungs- und Zeitschriftenpresse. Da unsereins höchstens einen Notizblock in der Hand hält, keinesfalls aber eine Kamera, sind wir von eher geringem Interesse für die Stars – die Oscars sind eine optische Veranstaltung, es geht um Bling, nicht um Blabla. Zwar werden auch Print-Journalisten von den Oscar-Veranstaltern aufgefordert, *black tie* zu tragen, also Smoking oder Abendkleid, aber da die Presse nicht der Show selbst beiwohnt, sondern in einem Nebenraum das Ganze auf Monitoren verfolgt, wird heftig gemogelt; man sieht bequeme Turnschuhe unterm langen Rock und Anzüge, die selbst bei Stromausfall nicht als *tuxedo* durchgingen.

Zu meiner ersten Oscar-Verleihung erschien ich, wie schriftlich aufgefordert, um Punkt vierzehn Uhr. Ich war die Allererste. Ich glaube, der Teppich wurde sogar noch gesaugt. Die Brötchen, die für uns Journalisten in jenem Nebenraum bereitgestellt wurden, waren noch in Zellophanpapier eingewickelt. Billy Bush trug noch kein Make-up. Und meine Füße passten noch in die neuen Schuhe.

Um fünfzehn Uhr – zweieinhalb Stunden vor Beginn der Gala – wurde der Rote Teppich »eröffnet«, es tröpfelten die ersten Prominenten herein, Fans auf der Tribüne kreischten sich warm. Unsere Presse-Ecke füllte sich. Meine Schuhe schrumpften. Direkt neben unserer Ecke organisierten Headset-Ladys gezieltes Gewühle auf dem Roten Teppich – er war nämlich um diese Zeit noch recht leer, und das macht sich im Fernsehen schlecht; also wurden schick gekleidete Statisten zum Füllen auf die Rennstrecke geschickt. Einmal rauf, einmal runter flanierten sie; leider verschaffte ihnen dies keinen Platz im Theater, bemerkte ein Füller bekümmert. »Wie popelig!«, rief ich und fing mir den warnenden Blick einer Headset-Lady ein. Er versuche dennoch, seine Rolle gut zu spielen, raunte der Füller, vielleicht sähe ja ein wichtiger Regisseur zu.

Gegen fünfzehn Uhr fünfzehn erhob sich lautes Getöse am vorderen Rand des Roten Teppichs – ein echter Star musste erschienen sein. Wir alle sprangen von unseren Sitzen und starrten, aber wir sahen nur Füller. Indes fragten uns diverse Publizisten eindringlich, ob wir die Kandidaten für den besten animierten Kurzfilm oder die Soundeffekte interviewen wollten, die seien nämlich schon eingetroffen. »Warum nicht!«, rief ich unternehmungslustig, aber es stellte sich heraus, dass der Kurzfilmer aus Polen stammte und keine lebende Sprache außer Polnisch verstand und die Soundeffekt-Männer gleich wieder kehrtmachten, um zu sehen, wer vorne angekommen war.

Die Veteranen am Roten Teppich belehrten mich rasch, dass die einzig entscheidende Frage lautete: »What are you wearing?« (Was haben Sie an?) oder besser noch: »Who are you wearing?« (Wen haben Sie an?) Die Stars seien eigentlich nur hier, um Designer-Roben zu präsentieren, meinten die Kollegen aus Lateinamerika geduldig, die rechts und links von mir standen und immer wieder abrupt spanische Beleidigungen auf den Teppich schleuderten; vielleicht sagten sie auch etwas Nettes, die Angesprochenen winkten freundlich zurück, aber es hörte sich immer an, als forderten sie ein Duell im Morgengrauen. Das wolle das Publikum also wissen, erklärten sie mir, niemand interessiere sich für die Prä-Oscar-Empfindungen eines polnischen Kurzfilmers.

»Polen vielleicht«, murmelte ich kleinlaut.

Sie lachten mich aus. »Polen will wissen, was Penelope Cruz anhat!« Und dann, abrupt wie zuvor und markerschütternd wie aus tausend Kehlen, brüllten die beiden: »Pe-ne-lo-peeeeee!«

Die Spanierin huschte tatsächlich vorbei, winkte den Latinos zu, erwiderte auf ihre hingeschleuderten Beleidigungen etwas ähnlich Heftiges, worauf die beiden strahlten wie Apfeltaschen.

In seinem ersten Oscar-Jahr hatte George Clooney auf die Frage, was er trage, mit leichtem Erstaunen erwidert: »Einen Anzug!«

»Ja, aber von wem? Von wem?«, hakten die Reporter verzweifelt nach.

»Na, von mir!«, sagte Clooney amüsiert.

Inzwischen muss er sich in dieses Spiel gefügt haben. Es ist ja immer das Gleiche. Was tragen Sie? Sie sehen toll aus. Toi, toi, toi! Der Nächste bitte. Mehr gibt es am Roten Teppich nicht zu sagen. Manchmal zücken die Publizistinnen und Headset-Ladys sogar Kärtchen, auf denen der Name des Designers vermerkt ist, wenn ihre Schützlinge die Waren kompliziert klingender Schneider gewählt haben (Armani kann ja jeder – aber Monique Lhuillier?! Oh je.)

»Fragt ihr denn niemals etwas anderes?«, wandte ich mich an die beiden Latinos.

Sie schauten beleidigt. »Selbstverständlich! Wir fragen, ob sie Buenos Aires vermissen.«

»Und wenn sie gar nicht aus Buenos Aires kommen?«

»Fragen wir, ob sie schon einmal in Buenos Aires waren.«

»Und wenn sie Buenos Aires nicht kennen und nicht zu kennen wünschen?«

»Fragen wir, warum nicht«, sagte einer der beiden gedehnt und warf seinem Kollegen einen Blick zu. »Was hast du gegen Buenos Aires?«

Johnny Depp kam vorbei und gab tatsächlich einem Kollegen nebenan ein Interview, worauf wir uns alle in eine scharfe Rechtskurve legten und Wörter wie »aufregend«, »Hugo Boss«, »Spaß« und »keine Zeit« aufschnappten.

»Die zweite wichtige Frage«, sprach der Latino links von mir, als wir uns wieder aufrichteten, »ist ein bisschen heikler.«

Der rechts von mir schleuderte eine Beleidigung auf den Roten Teppich, worauf ein Telenovela-Starlet in Glitzerrobe begeistert zurückwinkte. Als er sich wieder setzte, sagte er: »Und du bekommst nicht immer Antwort. Ich habe sie eben gefragt – sie ist sehr berühmt in Buenos Aires –, ob sie demnächst eine Drehpause einlegen muss.« Er schaute mich eindringlich an. »Du verstehst.«

Ich blinzelte leer. Die Latinos seufzten. »Weil sie schwanger ist! Alle wissen es! Aber sie gibt es noch nicht zu. Erwarten Sie ein Baby? Das ist die zweitwichtigste Frage. – Oh mein Gott! Jeeee-niii-feeeeer!«

Sie rissen beinahe die Bank um, auf der wir saßen. Jennifer Lopez schritt über den Teppich, umgeben von einer Armada von Headset-Ladys, die sie an uns vorbeileiteten, als könnte sie sich ein übles Virus einfangen. Die Latinos stießen leidenschaftlich ihre Beleidigungen hervor, aber sie gingen im allgemeinen Getöse unter.

Auf dem Weg in den Kinosaal drängten sich nun Menschen dicht an dicht; die Füller hatten sich auf unsere Tribüne geschlichen und brüllten wie angetrunkene Cheerleader die Namen ihrer Lieblinge. Es formten sich immer wieder und immer schneller Wirbel größter Aufregung – Oscar-nominierter Star in der

Mitte, drumherum Assistenten und Begleiter, blendende Zahnreihen, volle Lippen, glatte Stirnen, ein Brausen in der Luft aus künstlicher Fröhlichkeit und echter Nervosität, aus Wie-sieht-denn-die-aus und Oh-mein-Gott-hast-du-ihn-gesehen?!

Im Getümmel glitt die milchweiße Scarlett Johansson vorbei und beschloss überraschend, unserer Ecke eine Minute zu gewähren, was die Choreografie des Roten Teppichs fast zum Erliegen brachte – ihre Entourage schlug eine Schneise zur Seite, Damen traten auf Schleppen, Herren traten auf Damen, Headset-Ladys bekamen rote Köpfe, und eine ältere Turbanträgerin schlug fast der Länge nach auf den Teppich, weil Eddie Murphys Trupp sich raumgreifend eine Umleitung ums Schleppendesaster bahnte. »Eddie! Eddie!«, brüllte der Latino zur Rechten, während der linke sich auf Scarlett konzentrierte und seinen massigen Körper gegen die Absperrung wuchtete. Ich blieb verwirrt sitzen. Die Turbanträgerin war Jane Russell.

Niemand beachtete sie. Sie war weit in ihren Achtzigern – geboren 1921 –, eine große, einst lasziv üppige Brünette, die einen Kaftan anhatte wie eine exzentrische Malerin und sich mit entrücktem Lächeln aus den beiden Wirbelstürmen Scarlett und Eddie löste. Als sie etwa so alt war, wie die Sahnebombe Johansson heute ist, hing sie als Pin-up-Girl in den Spinden tausender G.I.s und galt fortan als Amerikas Muster-Busen: Ihre Kurven, betont unter eng anliegenden Pullis oder ausgeführt in Freiluftdekolletés, waren die berühmtesten des Landes, bis eine gewisse Marilyn Monroe auf der Bildfläche erschien und alle anderen Sex-Symbole Hollywoods aussehen ließ wie Lotti vom Lande. Jane Russell und »MM« drehten Anfang der fünfziger Jahre einen Film zusammen, »Blondinen bevorzugt«; damit war alles gesagt. Angeblich kamen sie am Set wunderbar miteinander aus, die Russell entwickelte der fünf Jahre jüngeren Kollegin gegenüber wohl beinahe mütterliche Gefühle – sie, Jane, war so handfest und humorvoll und diese Marilyn ein verunsichertes, wisperndes, liebes, bebendes Bambi.

Ich sah Jane Russell fortan jedes Jahr auf der Oscar-Verleihung. Mal mit, mal ohne Turban, den ehemaligen Vorzeigekörper verhüllt unter Ethnomustern. Nicht ein einziges Mal wurde sie von Billy Bush oder den Latinos interviewt. Aber oft beiseitegeschubst, zuletzt für Miley Cyrus, einen singenden Teenager. Sie blickte staunend auf das ondulierte Kind, das unserer Presse-Ecke zwitschernd Auskunft gab (»aufregend«, »Valentino«, »Spaß«, »keine Zeit«), und schlenderte weiter; wie eine Touristin, die Zeit totschlug, ehe der Bus weiterfuhr.

Wenn Marilyn ihren eigenen Ruhm überlebt hätte; wenn sie frustriert, aber friedlich aus dem Hollywood-Geschäft geschieden wäre, nicht aber aus ihrem jungen Leben; wenn sie Hilfe bei Zahnärzten, Yoga-Gurus und Kabbala-Kursen gesucht hätte, nicht aber bei Drogen; wenn sie also ihre Seniorenjahre noch erlebt hätte – ich schloss die Augen, die Füße taten mir weh, und ich stellte mir vor: Jane und Marilyn gemeinsam auf dem Roten Teppich. Zwei Turbane, zwei Kaftane. Flaches Schuhwerk, Apfelbäckchen, blendend weiße Zähne. Vielleicht hätten sie Spaß, trotz Eddie und Miley.

Und mich würde brennend interessieren, wie den beiden Buenos Aires gefällt.

»Er würde einen guten Jagdhund abgeben«, sagt Phil kauend.

Wir sitzen zu dritt auf der Veranda, ich habe Nudeln gekocht. Wenn Tom kommt, bereite ich ihm immer ein Mittagessen – erstens hat er nie Geld und ist wirklich sehr dünn, zweitens bremst ihn das für eine Weile, selbstständig den Kühlschrank zu plündern. Da er heute wieder Phil mitgebracht hat, decke ich für drei. Georgie hat in weitem Bogen gepinkelt, als Phil aus dem Truck stieg – Unterwürfigkeitssignal für den Alpha-Rüden. Nun liegt er verliebt zu seinen Füßen.

»Phil tötet Tiere«, sagt Tom und klingt wie ein petzendes Kind.

Phil strahlt mich mit seinen superblauen Augen an. »Nur die, die es wollen.«

»Du bist wirklich Jäger?«, frage ich entsetzt.

Er nickt stolz. Er fahre manchmal tagelang mit seinem Truck in die Wildnis und komme mit Elchen, Wildschweinen oder Rehen zurück. Es sei das Schönste auf Erden. Für ihn jedenfalls, die Tiere hätten weniger davon.

»Mit einem Gewehr?«, frage ich.

Er lacht über meinen Ton. Natürlich mit einem Gewehr! Er erzählt vom einzigartigen Naturerlebnis, vom Adrenalinschub, vom Glück des Jägers.

»Wenn der Blick bricht«, murrt Tom in aufsässigem Kinderton.

Phil zuckt die Achseln. »Das verstehst du nicht. Das ist ein Männerding.« Er zwinkert mir zu. »So ist Amerika entstanden! Männer zogen hinaus in die Wälder und sorgten dafür, dass abends ein Stück Fleisch auf den Tisch kam. Wir sind nun mal eine Nation von Fleischfressern. Und wenn ich jage, ist das tausendmal humaner als unsere Massentierhaltung. Tu nicht so, Tom, du hast auch schon meinen Wildschweinbraten gegessen.«

»Ich habe nichts gegen den Braten. Mich stört, dass du richtig gern abdrückst.«

Phil streckt seine langen Beine von sich und grinst. »Millionen von Amerikanern jagen. Nicht nur, weil es aufregend ist, sondern weil es dir das Gefühl gibt, das Leben im Griff zu haben.«

»Zumindest das von Bambi«, höhnt Tom.

»Ich liebe die Natur«, sagt Phil unerschütterlich. »Und wenn ich jage, bin ich Teil von ihr.« Er wendet sich mir zu. »Geht man viel jagen in Deutschland?«

»Ich glaube nicht«, erwidere ich schaudernd. »Zumindest hat nicht jeder ein Gewehr zu Hause.«

»Tja«, sagt Phil bräsig, »da bin ich doch gerne hier. In Sicherheit.«

WUNDER DER NATUR

Eines Abends machte der Hund Anstalten, den Holzfußboden aufzugraben. Er stellte sich mit spitzen Ohren in eine Schlafzimmerecke, lauschte, stieß ein verärgertes Bellen aus und hieb mit der Pfote auf die Bohlen. Er musste verrückt geworden sein. Fünf Abende ging das so.

Am sechsten hörte ich es auch. Ein schwaches Schaben von unten. Am siebten ein Kratzen. Am achten Schaben und Kratzen und ein Geräusch, wie wenn sich auf beengtem Raum jemand ächzend auf die andere Seite wälzt. Der Hund drehte fast durch. Er bellte und schimpfte und scharrte, bis ich die Leine holte und ihn mit einem Spaziergang ablenkte.

Am neunten Tag öffnete ich gemeinsam mit Tom behutsam den etwa quadratmetergroßen Verschlag in der Außenwand, der zum Kriechkeller führte. Häuser haben hier selten einen richtigen Keller, meist nur ein etwa ein Meter fünfzig hohes Fundament, in dem Rohre verlaufen, der Motor für Heizung und Klimaanlage brummt und in dem es vor allem dunkel, muffig, von Spinnen bevölkert und unwirtlich ist.

»Irgendetwas muss da drin sein«, sagte ich zu Tom. »Und zwar da hinten, unter meinem Schlafzimmer.« Ich wies in die allerdunkelste Ecke.

Er kauerte an der Luke und rührte sich nicht. »Schick Georgie rein«, schlug er vor.

Georgie stand neben ihm, hielt die bebende Nase ins Dunkle und machte dito keinerlei Anstalten, der Nase zu folgen. »Tom«, sagte ich verächtlich, »du wirst doch nicht einen kleinen Hund vorschicken wollen.«

Tom machte einen halben Schritt nach vorne, hielt inne. »Hast du gesprüht?«

»Was gesprüht?«

»Insektenvernichtungsmittel. Ich sprühe alle halbe Jahre einmal ums Haus, damit die Spinnen fern bleiben. Das macht man hier so.«

»Tom, du wirst doch nicht Angst vor Spinnen haben!«

Er warf mir einen gereizten Blick zu. »Also, mir scheint, da ist jemand viel besser geeignet für diese Aufgabe als ich.« Da ich diese Bemerkung geflissentlich überhörte, zog er die Schultern hoch und kroch ins Untergeschoss. Der Hund blickte ihm nach, die feuchte Nase zitternd im Strom all der unterirdischen Gerüche. Als Tom wieder zurückkam, klebte eine Spinnwebe an dem Piratentuch, das er sich wie stets übers schüttere Haupthaar gebunden hatte. »Nichts«, keuchte er, geduckt in der Luke. »Da ist kein Loch, da ist kein Lichteinfall, da ist nichts. Da kommt kein Tier rein, weder eine Maus noch ein Waschbär. Der Hund spinnt.«

Georgie leckte ihm übers Gesicht.

Am zehnten Tag hörte ich das Schaben, Kratzen, Sich-Winden und ein Fiepen. Georgie kratzte manisch über den Holzfußboden.

»Es wird eine Maus sein«, sagte Beverly. »Eine sehr große Maus«, fügte Marc hinzu. »Eine Ratte?«, wisperte ich angstvoll. Beverly lachte mich aus. »Kindchen, was erwartest du, du wohnst in Bel-Air! Jeder hier hat Ratten. Liz Taylor hat Ratten. Zsa-Zsa Gabor hat Ratten. Das ist halt Natur. Schau dich um. Meinst du, in diesen grünen Hügeln leben nur Zitronenfalter und Kolibris?« Ich erinnerte sie hoheitsvoll an die Schlange in meinem Garten. Und prahlte mit dem Luchs, den ich circa fünfzig Meter von meinem Haus entfernt einmal in einer Sackgasse gesichtet hatte, die nahtlos ins Gebüsch der uns umgebenden Berghänge überging. Er saß im Unterholz, zuppelte ein bisschen mit seinen Pinsel-Ohren und sah mir gelassen nach, wie ich den aufgeregt bellenden Hund zurück auf die Straße zerrte.

Außerdem sah ich ständig Kojoten; von hinten zumeist, weil der Hund sie japsend davonjagte. Kojoten!, wiederholten meine Freunde in Deutschland beeindruckt – sie gewannen zunehmend das Gefühl, dass ich nicht in einer Millionenstadt wohnte, die von Highways zerfurcht und von unendlichen Wagenkolonnen verpestet wurde, sondern in einem Wildpark voller Geschöpfe, denen sie allenfalls im Zoo begegneten.

Einmal hatte der Hund beim Spaziergang – es war um Halloween – seine Nase neugierig auf eine schwarze Spielzeugspinne gesetzt, wie man sie um diese Zeit überall in den Läden und als Dekoration in Fenstern sah: dicke, übergroße Leiber mit haarigen Beinen, völlig unrealistisch. Das Spielzeug begann plötzlich zu laufen. Es war die abscheulich größte Spinne, die ich jemals in meinem Leben gesehen hatte, und es sollte nicht die letzte Tarantel bleiben.

Ich lernte, dass Opossums – kleine Beuteltiere mit bizarr hässlichen Gesichtern – tatsächlich »tot« spielen, wenn man sie erschreckt, also wenn zum Beispiel ein Hund auf sie zuschießt. Sie plumpsen dann ins Gebüsch – wie schlechte Schauspieler, mit offenen Mäulern, Sabber im Mundwinkel, röchelnd, ich sterbe, ich steeeeerbe!!!, rums, aus. Hunde fallen sofort drauf rein.

Einmal beehrte uns nachts ein Waschbär, setzte sich an die Wasserschüssel für den Hund, die im Garten stand, und badete ausgiebig seinen buschigen Schwanz darin. Ich knipste das Außenlicht an, natürlich aufgeweckt von meinem hysterisch schimpfenden Mitbewohner; der Waschbär blickte gleichmütig über die Schulter und plantschte weiter. Meine Nachbarn klagten, eine vierköpfige Waschbärenfamilie terrorisiere die ganze Straße – die Bande schliche über Katzenklappen in Häuser, plündere Kühlschränke und lege sich mit Haustieren jeglicher Größe an. Am liebsten besuchten die vier Rambos jedoch Grundstücke mit Swimming-Pool für ihre nächtliche Hygieneaktion, daher sah ich sie nicht so häufig.

Habt ihr auch nette Tiere, fragte meine Mutter, wenig angetan von meinem allwöchentlichen Natur-Report am Telefon. Aber ja!, rief ich und pries die niedlichen Eichhörnchen in meinem Garten, die Tag und Nacht durchs Geäst tobten. (An dieser Stelle lache ich heute bitter auf, denn Eichhörnchen sind meine größten Feinde geworden. Sie knipsen Rosenblüten ab und knabbern junge Pflanzen runter bis auf die Krume. Einmal suchte ich im Internet Rat: Was tun, um sie loszuwerden? Aus dem Netz scholl es donnernd zurück: Besorg dir eine Knarre!)

Die Ratte indes blieb ruhig. Vielleicht war sie, entnervt vom ewigen Gebelle, zu Liz Taylor umgezogen. Der Hund verlor sofort das Interesse am Schlafzimmer und verschwand im Garten.

Am zwölften Tag sah ich morgens auf meiner kleinen Rasenfläche zwei frisch aufgebuddelte Löcher. Ich schimpfte den Hund. Er legte beleidigt die Ohren an.

Wieder blieb es ruhig in der Nacht. Die Ratte fühlte sich wohl bei Liz Taylor. Auf der Wiese erschien ein drittes Loch. Kreisrund. Ich schimpfte den Hund, aber ich begann mich zu fragen, wie er solche Kunstwerke zuwege brachte, die Löcher sahen aus wie auf dem Golfplatz.

Es war Frühling, den Rosen wuchsen dicke Knospen, niedlich hupften die Eichhörnchen. Ich holte eine Handvoll feuerrot blühender Salbeibüschchen aus der Gärtnerei und pflanzte sie an den Weg. Tags drauf sahen sie weniger üppig aus, ich wässerte besorgt. Am nächsten Morgen waren sie nicht nur weniger üppig – sie waren gleich ganz verschwunden, zum Teil jedenfalls. Sechs hatte ich gesetzt, zwei standen noch da. »Georgie!«, rief ich. Er saß auf der Wiese, stierte ins vierte Loch. Warf mir einen kühlen Blick zu. Ich und Salbei? Excuse me?

»Du brauchst einen guten Killer«, sagte Beverly. Sie gab mir die Nummer von Javier, einem zuverlässigen Auftragsmörder aus Mexiko, dessen Englisch zwar nicht flüssig sei, aber in seinem Job machte man eh nicht viele Worte. Definitiv seien bei mir irgendwelche räuberischen Nager im Garten und womöglich im Haus unterwegs, denen Javier den Garaus machen sollte. »Ein Profi, so ist es recht«, meinte Tom erleichtert.

Am sechzehnten Tag erschien das fünfte Loch auf der Wiese. Von den Salbeibüschchen keine Spur mehr. Ich brach beinahe in Tränen aus. Javiers Gattin versprach, ihren Mann umgehend vorbeizuschicken.

Am siebzehnten Tag kam das Tier ins Haus zurück. Ich hörte es ganz deutlich. Schaben, Kratzen, Fiepen. Dazu dieses enervierende Bellen. Ich wartete auf Javier. Mañana, schwor die Gattin.

Als am achtzehnten Tag das Telefon klingelte, dachte ich, es sei der Killer. »Endlich! Ich bin so froh!«, rief ich. Und: »Schon gut, Schätzchen«, drang es aus der Leitung.

Es war mitnichten der Killer. Es war der Porno-Star.

Ich telefonierte mit Ron Jeremy, Amerikas – nein, der Welt – produktivstem Hardcore-Darsteller. Er stand im Guinness-Buch der Rekorde, weil kein Mann in der Historie mehr Frauen beschlafen hatte als er; jedenfalls keiner, dem man dabei zusehen konnte – bei Bedarf unzählige Male, Ron ist der König der Videotheken. Er hatte seine Memoiren geschrieben, und der »Stern« wollte ihn dazu befragen; ich hatte ihn vor Wochen um Rückruf gebeten. Nun meldete er sich. Und schlug vor, das Interview bei mir zu Hause zu machen. »Das ist sicher praktisch«, sagte ich schwach.

Im Hintergrund war ein begeistertes »Oh ja! Oh ja!« zu hören.

»Sind Sie gerade bei der Arbeit?«, fragte ich misstrauisch.

Der Porno-Star schnaufte in den Hörer. »Ach, ich hänge hier so ein bisschen am Set rum«, sagte er, »bin noch nicht dran. Du rufst mich morgen gegen zehn an, Schätzchen, dann wache ich auf und komme vorbei.«

Der »Set« befand sich vermutlich bei mir um die Ecke, im San-Fernando-Valley, jener heißen Senke, die sich unterhalb des Mulholland Drive öffnet. Pro Jahr werden dort zehntausende Sexfilme gedreht; rund zweihundert Firmen mit so unauffälligen Namen wie »Vivid Productions« und »Pipedream« erzielen jährlich einen Milliardenumsatz. Ron Jeremy hat in fast 2.000 Filmen mitgewirkt, das ist deutlich mehr als Tom Hanks. Und er hat in manchem seiner Streifen längere Textpassagen bewältigt als Arnold Schwarzenegger in seiner gesamten Kinokarriere. Aber zu seinem allergrößten Bedauern gilt er in Hollywood nicht als Idol. Bloß als Igel: So lautet sein Spitzname, *the hedgehog*, weil er rundum dicht behaart ist und stachelig, wenn er sich nicht regelmäßig Brust und Rücken rasiert. Als der »anständige« Teil der Industrie sich entschloss, einen Spielfilm über das Porno-Geschäft zu drehen – »Boogie Nights« –, wandte der Regisseur sich an Ron, um ihn als Berater zu engagieren.

Der Igel absolvierte mehrmals Gastauftritte in jugendfreien Produktionen, doch sein Riesentalent kommt nur in Bettszenen so richtig zur Geltung: Dieser kleine kugelige Mann mit den kurzen Beinen ist gerade sieben Mal so groß wie sein berühmtestes Organ. Das misst fast fünfundzwanzig Zentimeter.

»Morgen kommt Ron Jeremy zu mir nach Hause«, eröffnete ich meinen Nachbarn.

»Wow!«, sagte Marc.

»Wer?«, fragte Beverly.

Er warf ihr einen dieser Blicke zu, in denen Über- und Verlegenheit miteinander ringen. Doch eifrig klärte er sie auf und beendete seine Ausführung mit einem tönenden: »Beinahe zehn *inches*!«

»Was du alles weißt«, sagte Beverly. Es klang alles andere als ehrfürchtig. Hätte er ihr mitgeteilt, dass er ein Urinal an seiner Seite des Ehebetts zu installieren gedenke, sie hätte nicht abgetörnter geschaut.

Am Mittag sprach mich der Nachbar meiner Nachbarn an. »Sie sind also mit Ron Jeremy bekannt, so, so«, sagte er zwinkernd – ein freundlicher Pensionär, der jahrzehntelang an der Universität von Los Angeles Vorträge über die früh-amerikanische Clovis-Kultur gehalten hatte; wenn sich je Videofilme in seinem Haushalt befanden, so hätte ich schwören können, sie zeigten Ausgrabungen im Tal der Könige, nichts aus dem Tal von San Fernando. Als die Nachricht noch zwei Häuser weiter gedrungen war, plante ich wohl bereits, einen Film mit Ron Jeremy in meinem Garten zu drehen. Und als die Erzieherinnen vom Kindergarten an der Ecke davon hörten, waren Ron und ich wahrscheinlich schon das aktivste Pärchen der Porno-Welt; als ich mit Georgie am Hort vorbeispazierte, legten sie schützend die Arme um die Dreijährigen.

»Hast du ihn gefragt, ob er Angst vor Hunden hat?«, fragte Tom besorgt. Er malte gelbe Streifen neben die Haustür – Farbproben von Sonnen-, Mais- und Eitergelb, ich konnte das Taubengrau nicht mehr sehen. Er hatte behauptet, er könne das ganze Haus anmalen, ich bräuchte keinesfalls eine Malerfirma zu engagieren. Es würde halt etwas länger dauern, aber dafür erhielte ich Quadratzentimeter für Quadratzentimeter Hand- und Maßarbeit, selbst Goyas nackte Maja wäre Pfusch dagegen. »Gerade in seinem Fall musst du das fragen. Stell dir vor, der Hund beißt ihn.«

»Warum sollte der Hund ihn beißen«, erwiderte ich ärgerlich.

»Denk an den Verdienstausfall durch Arbeitsunfähigkeit«, fuhr Tom fort.

»Und warum sollte er ihn ausgerechnet dahin beißen!«

»Weil er davor größte Angst hat. Und Hunde spüren Angst«, sagte Tom düster, und ich nahm mir vor, die Weißweinflasche aus dem Kühlschrank zu nehmen.

Es stellte sich heraus, dass der Porno-Star mitnichten Angst vor Hunden hatte (»Aber warum, ich habe doch selbst eine Schildkröte!«). Er hatte Angst vor Spinnen.

Am Tag des Interviews kam auch ein Fotograf und wollte Ron Jeremy zwischen den zwei dicken Redwood-Stämmen in meinem Garten aufnehmen. Ron sollte auf einem Stapel Feuerholz Platz nehmen, aber er balancierte sein Hinterteil eisern drei Zentimeter über den Scheiten, »da drin versteckt sich die gefährliche Braune Einsiedlerspinne!« Er hielt einen ausführlichen Vortrag über deren Habitat und Angriffsverhalten, so wie er uns überhaupt viele erhellende Einblicke in die Wunderwelt der Biologie gab. Er trug eine geräumige Trainingshose (schwarz), an die Georgie (blond) sich vertraulich schmiegte; einmal warf der Hund sich auf den Rücken, und Ron unterbrach die Beschreibung seiner prä- und postkoitalen Körperhygiene (»Du musst den Schlong tüchtig einseifen und waschen, richtig lang und gründlich waschen, damit bist du schon mal die Hälfte aller gefährlichen Keime los!«), um amüsiert festzustellen: »Ach, er ist gar nicht gefixt.«

»Wie bitte?«

»Der Hund. Lässt du das noch machen, Schätzchen, oder bleibt er *en nature*?« Er grinste.

Ich hatte keine Ahnung, wovon er sprach. »Gefixt«, *fixed*, bedeutet »gerichtet«, aber mir war nicht mal bewusst, dass der Hund kaputt war, wieso sollte ich ihn richten lassen?

Ron klärte mich bereitwillig auf, dass man das Kastrieren und Sterilisieren von Haustieren umgangssprachlich »fixen« nannte, und falls mir das noch nicht aufgefallen sein sollte: Mein Hund sei wahrscheinlich der einzige im ganzen westlichen L.A., »der noch seine Eier hatte«.

Nun war es mir gar nie in den Sinn gekommen, den Hund zu kastrieren. »Intakte« Rüden, wie man sie hier nannte, neigen natürlich dazu, sich mit ihren Geschlechtsgenossen anzulegen und eine Rangordnung auszukämpfen. Und man würde ihnen natürlich gern den Hals umdrehen, wenn sie an der Wohnungstür heulen wie Wölfe, weil draußen eine Hundedame vorbeimarschiert. Aber irgendwie, fand ich naiv, war das alles Natur und eben Teil vom Hund; zweibeinige Rüden bekamen doch auch glasige Augen beim Anblick von Blondinen mit großen Brüsten und verhielten sich doch auch wie Hirsche am Steuer eines Sportwagens, und trotzdem sollte man sie nicht ... jedenfalls die meisten nicht.

Amerikaner aber finden es eher widernatürlich, den Hund so zu belassen, wie er auf die Welt gekommen ist. »Sie pinkeln an jeden Laternenpfahl!«, sagte eine Hundebesitzerin in meiner Straße schaudernd; ich sah sie immer drei kleine schwarzweiße Fellkissen ausführen, aus denen jeweils vier Beinchen ragten, vermutlich eine teure Rasse mit französischem Doppelnamen. »Immer müssen sie ihr Revier abstecken. Sie sind ständig in Angriffslaune und streiten sich mit ihren Geschlechtsgenossen. Und sie denken an nichts anderes als Sex.«

»Ich mag Männer trotzdem ganz gern«, versuchte ich einen Scherz, aber sie funkelte mich an. »Du musst den Hund kastrieren! Sonst gewöhnt er sich an den Testosteronstrom und ist verdorben fürs Leben.« Sie nahm das älteste der drei Kissen auf den Arm und stolzierte davon, die beiden anderen hinter sich herzerrend; ein bisschen beleidigt, dass ich so viel Unheil in ihre Straße brachte in Form eines territorialen, beißwütigen Sexprotzes.

Natürlich wird der »Testosteronstrom« hauptsächlich unterbunden, damit nicht noch mehr Susis und Strolchis in die Welt gesetzt werden, als es ohnehin schon gibt. Schon klar. Aber je länger ich mich mit dem geforderten Eingriff beschäftigte, desto mehr beschlich mich der Verdacht, dass seine Befürworter in erster Linie Hunde wollen, die weniger »hundig« sind. Die, so hörte ich oft, »ruhiger« sind. Entspannter. Enteiert eben. Das ist praktisch. Natur indes ist anstrengend. Natur ist triebig und fordernd und egoistisch.

Alles fiel wieder mal zurück auf die Pilgerväter.

»Finden Sie Ihre Landsleute verklemmt?«, fragte ich den Porno-Star; er musste es wissen.

Und er verneinte. »Eigentlich sind wir Amerikaner nicht prüde«, sagte er. »Schau dir die College-Kids an, Schätzchen.

Schulen und Universitäten im ganzen Land laden mich ständig zu Vortragsabenden ein, um über Pornografie, Sex und Moral zu diskutieren. Es sind nicht die Amerikaner, die Angst vor Sex und allem haben, was eigentlich ganz natürlich ist. Es sind die Christen. Diese verdammten religiösen Eiferer.«

»Sie sind vermutlich nicht religiös?«

»Oh, ich bin ein braver jüdischer Junge«, sagte Ron Jeremy grinsend, als wir uns zum Fotografieren in den Garten begaben. »Ich gehe wahnsinnig gern in Synagogen und auf Bar-Mizwas, weil es da immer tolle Buffets gibt.« Er klopfte sich auf die Plauze. Sein Erfolg, hatte er kurz zuvor erklärt, rühre daher, dass er mehr oder weniger aussah wie ein Klempner, nicht wie ein Hollywood-Star: Wenn einer wie er ständig Sex habe, so bestehe Hoffnung für Mister Jedermann.

»Ich wollte Ron doch noch nackt fotografieren«, raunte mir der Fotograf zu, als der Porno-Star gerade mit seiner Freundin (»branchenfremd«) telefonierte und ihr Anweisung gab, frischen Römersalat für die geliebte Schildkröte zu besorgen, »Cherry mag keine schlappen Blätter!«

Der Fotograf plante, Ron auf eine Holzbank hinterm Haus zu setzen, mit einer Marzipantorte auf dem Schoß, die wir eigens für den Termin hatten anfertigen lassen. Also nicht richtig nackt in der Aufnahme, nur nackt in meinem Garten. »Ich ziehe mich nicht aus!«, rief Ron entsetzt. Der Fotograf und ich tauschten einen Blick: Der Porno-Star genant?

»Ich bin nicht rasiert«, erklärte der Mann, den sie Igel nannten. »Das T-Shirt bleibt an. Aber das«, er stieg aus der Trainingshose, »kann weg.«

Ich hatte gerade die Torte aus dem Kühlschrank geholt, fast ließ ich sie fallen. Ron hielt sich offenbar nicht mit Unterwäsche auf. Er bat mich, seine Hose zu halten, und nahm Platz auf der Bank. Georgie kam interessiert angelaufen. Eingedenk Toms Warnung drückte ich dem Porno-Star rasch die Marzipantorte auf die haarigen Schenkel und hielt den Hund fest.

»Buenos dias«, sagte jemand höflich von der Seite. Ein weiterer gedrungener Mann mit kurzen Beinen stand zögernd auf dem Gartenweg, der einmal ums Haus herum auf den hinteren Teil des Grundstücks führte. Wahrscheinlich hatte er vorne geklopft, aber wir alle, einschließlich des Wachhunds, waren hinten im Garten und hatten rote Backen vor Aufregung und nichts gehört. Es musste Javier sein, der Killer. Georgie fing an zu bellen, Javier zuckte zurück, vermutlich hatte er Angst vor Tieren, die er nicht um die Ecke bringen durfte.

»Guten Tag«, wünschte Ron leutselig, blieb aber glücklicherweise unter der Torte sitzen.

Der Killer starrte ihn an; ich versuchte an seinem Gesichtsausdruck abzulesen, ob er ihn erkannte und sich zu erinnern versuchte, woher, oder ob er gesehen hatte, was ich gesehen hatte, und innerlich schnell ein Ave-Maria betete. Um ihn abzulenken, rief ich betont fröhlich: »Wie gut, dass Sie da sind! Ich bringe Sie gleich ins Schlafzimmer!«

Der ausdruckslose Blick löste sich vom Porno-Star, fiel mit Gewicht auf mich, Javier nickte langsam. »Ich zeige ihm den Keller und so weiter«, haspelte ich und öffnete die Küchentür ins Haus. Bloß weg von diesem nackten Mann, der Killer sah ganz benommen aus. »Schätzchen«, rief Ron mir nach, »entführ nicht meine Hose! Irgendwann brauche ich sie noch mal!«

Am zwanzigsten Tag also kam die Rettung. Javier folgte mir stumm zum Kriechkeller, zu den nicht vorhandenen Salbeibüschen, zu den deutlich vorhandenen Löchern in der Wiese. »Wühlmäuse«, sprach er ernst. »Kommen von unten, zerstören ganze Garten.« Er prokelte mit einem langen Stab in ihren Kanälen, warf wortlos eine Tablette hinein, häufte Erde darauf. »Hund drei Tage nicht graben«, sagte er, »sonst Hund …« Es folgte eine schneidige Handbewegung von links nach rechts vor seiner Kehle.

 »Ist das Gift?«, fragte ich bang.

»Gas«, antwortete er, lächelte wie Buddha und schaute hin und wieder zu Ron hinüber, als säße grundsätzlich bei seinen Kunden ein halbnackter Mann im Garten. Ein halbnackter Mann mit soooo einem ... Ich sah ihn wiederholt trocken schlucken. Fast meditativ suchte er nach Wühlmauskanälen, piekste mit der Stange in die Beete; er fand fünf weitere. Dann verteilte er Schnappfallen im Kriechkeller und versprach – sein längster Satz des Tages –, dass ich bald Ruhe hätte, obwohl Nagetiere »muy inteligentes« seien.

In der ersten Nacht, nachdem Javier mein Haus zum Todesplaneten aufgerüstet hatte, schliefen Mensch und Hund wie ein Baby. Euphorisch besorgte ich neue Pflänzchen.

»Wie war er?«, fragte Beverly.

»Professionell«, lobte ich. »Er ging mit diesem langen Ding durch den Garten und ...«

»Bitte versichere mir zuerst«, unterbrach mich Marc, »dass du nicht von Ron Jeremy redest.«

»Javier hat die Natur bezwungen«, sprach ich pompös.

Und niedlich hupften die Eichhörnchen.

»Es gibt auch andere Methoden«, nörgelt Tom.

»Sicher«, höhne ich, »ich hätte deinen Freund Phil rufen können, er hätte die Wühlmäuse alle erschossen. Oder hätte er Dynamit in ihre Kanäle gesteckt?«

Tom ist in seiner Hippie-Peace-Stimmung, die mich seltsamerweise extrem reizt. Er malt verbissen die achtzehnte Farbmischung neben die Haustür. »Das ist ›Blasser Sonnenschein‹ gemischt mit ›Erntedank‹. Es gibt bestimmt Pflanzen, die sie nicht mögen.«

»Sicher. Knoblauch. Wühlmäuse rühren Knoblauch nicht an. Aber ich will nicht überall im Garten Knoblauch anpflanzen. Diese Farbe sieht öd aus.«

»Das ist ›Morgenstimmung‹ mit ›Englischem Heu‹. Ich habe gelesen, dass sie Urin nicht mögen.«

»Ich auch nicht. Daran erinnert mich diese Mischung.«

Er haut ein weiteres Gelb an die Wand. »Berglöwenurin.«

»Komischer Name. Ob Leute die Farbe kaufen?«

»Berglöwenurin hilft gegen Nagetiere im Garten. Ich habe es recherchiert. Ich habe es übers Wochenende in einem alten Gartenlehrbuch nachgelesen. Aber nein, du musstest ja sofort einen Killer kommen lassen. ›Vanillebutter‹.«

»Tom«, sage ich mühsam beherrscht, »wie bringe ich einen Berglöwen dazu, in meinen Garten zu pinkeln?«

»Man kann den Urin im Internet bestellen«, sagt er voll Verachtung über meine Unkenntnisse in Sachen moderner Technik.

»Ich mag ›Vanillebutter‹«, versuche ich abzulenken und zeige auf einen Farbstreifen.

»Das ist ›Hafer aus Vermont‹. Du hast einfach kein Vertrauen in die Natur.«

»Tom, wer sprüht die verdammten Spinnen tot?«, faucht es aus mir heraus.

Er klatscht den Pinsel an die Wand. »Und das«, murrt er finster, »ist ›Ziege aus Deutschland‹.«

INNENLEBEN

Tiere töten ist schwer. Wir reden hier nicht von Silberfischen und der einen oder anderen Fliege. Wir reden von braunen Kulleraugen, rosa Schnuppernäschen, seidigem Fell. Als Thomas Keller seinem ersten Kaninchen das Genick brach, brach ihm beinahe auch das Herz, aber wir wissen alle, dass gebrochene Herzen nur symbolisch wehtun, während das Langohr ganz konkret im Backofen verschwand.

Thomas Keller ist Koch – der USA, vielleicht sogar der Welt bester –, und er ist einer der verrücktesten Amerikaner, denen ich bislang begegnet bin. Nicht, dass der Mann mit Engeln spricht oder an Ufos glaubt oder an Scientology: Er wirkt vollkommen vernünftig im Alltag, ist liebenswürdig, fast ein wenig scheu, nachdenklich und nach einer Aufwärmphase von gewissem Charme. Stellt man ihn aber an den Herd, verändert er sein gesamtes Wesen. Wird eigen. Wirkt besessen. Brütet Leidenschaft. Ist vollkommen bei sich und außer sich zugleich, ein Zen-Meister mit scharfer Klinge. Er erfindet Gerichte, deren Aufwand eine kochende Hausfrau in den Wahnsinn triebe und deren Geschmack die strengsten Fresskritiker in willenlose Lämmchen verwandelt – mäh, mäh, mehr, mehr. Keller hat für zwei seiner Restaurants jeweils drei Michelin-Sterne erkocht, das ist beachtlich. In Amerika, der Heimat von Hamburgern, Fritten und küchenschwammähnlichen Pizzen, ist es eine Sensation.

Die Sache mit dem Kaninchen übrigens liegt lange zurück, Keller war noch Azubi. Er beschloss damals, dass er alles wissen und können müsste, was mit seinem Gewerbe zu tun hat, und da ein Koch immer nur so gut ist wie seine Zutaten, schaute er sich eines Tages an, wo der Kaninchenbraten herkam. Er beobachtete, wie der Bauer eine Kiste anlieferte, die beim Ab-

stellen leicht ruckelte. Da saßen sie drin, die Bunnys. Noch putzmunter. Keller schwor sich hinterher, dass kein Tier in seiner Küche je umsonst sein Leben lassen muss: Der Anstand gebiete es, sagt er, dass er sie von Kopf bis Pfote, von Schweineohr bis in die innerste Innerei in Köstlichkeit verwandle. Kein Fitzelchen wird verschwendet, selbst aus Rindermagenzotten zaubert er eine zarte Delikatesse. Keller, um es kurz zu sagen, ist ein Koch mit Moral und ein Mann mit Fantasie, eigentlich sollte man ihn vom Fleck weg heiraten.

Nicht zu diesem Zweck, sondern um ihn über seine Küchen-Laufbahn zu interviewen, fuhr ich an einem sonnigen Frühlingstag ins berühmte Weinanbaugebiet Napa Valley nördlich von San Francisco. Dort hat Keller 1992 in einem malerischen Flecken namens Yountville sein erstes Restaurant eröffnet, die »French Laundry«. Die Kellner ließ er von einem Ballett-Choreografen schulen – damit sie sich flüssig und unauffällig zwischen den Tischen bewegen –, das Ambiente im zweistöckigen Gästeraum ist in dezentem Beige und Braun gehalten, ein bisschen fühlt man sich wie in der Kirche. Selbst wenn es voll ist – und Keller ist immer ausgebucht –, bleibt der Geräuschpegel angenehm niedrig. Was nicht bedeutet, dass die Leute sich nicht amüsieren – es werden nur auch sehr laute und sehr spannende Gespräche sofort für andächtiges und stilles Kauen unterbrochen, wenn im Lauf des Abends so an die zwanzig, fünfundzwanzig kleine Gerichte an den Tisch getanzt werden.

Er kennt Deutschland, weil er dort schon auf Festivals gekocht hat. Ich saß mit ihm am Nachmittag in seinem Büro in einem Nebengebäude des Restaurants, aus der Küche scholl schon geschäftiges Tellergeklapper und Stimmengewirr. Sein Vater schaute vorbei mit einem steinalten Hund (der Witwer, ein ehemaliger Marine, war auch nicht mehr der Jüngste). Da erzählte Keller nicht ohne Stolz, dass der Alte, seit er kürzlich zu ihm nach Yountville gezogen war, schon zwanzig Pfund abgenommen habe – vom guten Essen.

»Er hat sich eben bislang wie ein typischer Amerikaner ernährt«, sagte er entschuldigend. »Fertiggerichte. Fast Food. Alles in diesen Riesenportionen, die heutzutage serviert werden. Amerika ist erschreckend fett geworden. Beinahe jeder Dritte in unserem Land ist krankhaft übergewichtig, wussten Sie das?«

Die Zahl hatte ich gelesen, aber Adipositas fällt einem nicht so auf, wenn man in Kalifornien lebt, zumal in L. A. Wahrscheinlich liegt es daran, dass auf jeden Dickmops mindestens ein Hollywood-Starlet kommt, dessen Lieblingsbeschäftigung Hungern ist, sodass Statistik und Straßenbild sich auf normal einpendeln. Im amerikanischen Süden sieht es anders aus: Dort wird jedes Lebensmittel erst einmal frittiert, ehe es, auf einer prächtigen Fettspur, den Weg in den Magen findet. Ich war einmal für eine Recherche in Savannah in einem traditionellen Bed & Breakfast und verdaue noch heute das Frühstück: Der Büffet-Tisch bog sich unter rosa Batzen von Schinken – *country ham* – mit dicker Soße, Schalen von Maispudding und Maisgrütze, Buttermilch-*biscuits* und Zimtwecken und Pfannkuchen und Eggs Benedict mit noch mehr dicker Soße, dazu Donuts, weitere Tunken, Waffeln, Speckstreifen und Würstchen. Als ich mich ächzend erhob, strahlte mich die Pensionschefin an, eine verblühte Southern Belle mit pinkfarbenem Lippenstift – »Warte, honey! Das Lunch-Paket!« –, und reichte mir eine Papiertüte, in der sich *biscuits* und Hühnerteile und Maisbrot und Plastikschälchen mit gekochten Bohnen befanden, zum Dessert Pekannusstorte und ein paar Handvoll Erdnüsse zum Auffüllen eines eventuellen Magenhohlraums zwischen Maisgrützdepot und Mayonnaisespiegel. Jedes Mal, wenn ich an jene Tage in Savannah auch nur denke, schmecke ich Butter und Mehlschwitze am Gaumen und fühle Speckrollen überm Hosenbund.

Keller hingegen schwört darauf, seine einzelnen Gerichte knapp zu halten – sodass die Geschmacksknospen in Verzückung beben und lechzen und dann vom nächsten Gang in eine ganz andere Ekstase gelockt werden. »Diese Hörnchen«, stammelte ich, »außen so knusprig und innen der Lachstartar ganz weich und dazu diese Crème fraîche mit den kleinen Zwiebelchen, so köstlich!« Keller lächelte mild. Er ist Euphorie gewohnt. Er pflegt zu beschwichtigen: »Es ist nur Essen.«

Aber »nur« Essen, das geht in diesem Land nicht. Nahrungsmittelaufnahme ist für Amerikaner von klein auf Sport und Neurose, Trost und Bestätigung, Sättigung eines Hungers, der mit leerem Magen nicht das Geringste zu tun hat; auch nicht anders als in anderen Wohlstandsgesellschaften dieser Welt, aber hier in XXL. Man sieht kaum Schüler, die nicht einen Riesenpott Cola mit sich herumtragen, in den Buggys der Kleinkinder Chipstüten, groß wie Zweijährige. Kinosessel miefen nach Tausenden Maxi-Humpen gebutterten Popcorns, über Sportstadien hängt wie der Smog in Peking Hot-Dog-Dunst. Essen ist immer und überall verfügbar, und kaum bestellt, liegt es schon schwer im Magen. Nirgendwo sonst habe ich so viel Werbung gesehen gegen Blähungen, Sodbrennen und Verstopfung: Im abendlichen Fernsehprogramm schlagen sich sympathische Reklame-Familien erst die Wampen voll mit kiloweise gebratenen und frittierten Tierteilen, um dann Einblicke zu geben in ihr Innenleben, sprich die Bewegung ihrer Därme, die nur dank dieser oder jener Pille überhaupt zustande kommt. Was die Pfauenfeder war im alten Rom – kitzeln, kotzen, weiterschaufeln –, erledigen auf diskretere Weise hier die Helferlein der Pharma-Industrie.

Einmal beobachtete ich auf einem Parkplatz, wie eine unfassbar voluminöse Autofahrerin sich mühte, die Fleischberge ihres Leibes aus dem Wagen auf die Straße zu hieven. Ich schämte mich fürs Starren, aber ich konnte den Blick nicht wenden von diesen geschwollenen, dabei winzig wirkenden Füßen, auf die Kilo um Kilo gepackt wurde, bis die Frau schwer atmend ihre ganze Fülle darauf balancierte. Als sich unsere Blicke begegneten, begann ich ertappt in meiner Tasche zu kramen. »How are you«, nickte sie mir freundlich zu und watschelte ins Einkaufszentrum, mit jedem Schritt die kleinen Füße unter sich begrabend wie Küken. Sie war nicht dick, sie war körperlich behindert; unbeweglich in der eigenen Masse, gehandicapt von einem Fettmantel, der sie so schützend wie erstickend umfing.

Deutsche Touristen erkenne ich nun auf den ersten Blick: nicht nur an den auffälligen Brillengestellen (merke: Wenn die Brille »witziger« ist als der Träger, muss es sich um einen Deutschen handeln); nicht nur an den ungeschminkten Frauengesichtern; nicht nur an der Tatsache, dass Ehepaare meist streiten oder gar nicht miteinander reden (merke: Wenn sich ein Paar anschweigt, muss es glücklich sein, sonst würde es ja streiten). Sondern daran, dass sie höchstenfalls beleibt zu nennen sind, meistens sogar schlank. Und dass sie, wie ich, auf extrem Dicke mit extrem unhöflichem Zwangsstarren reagieren.

Ernährung ist in diesem Land ein großes Thema. Nicht so sehr das Essen an sich – selten ist es mit Genuss verbunden, Amerikaner neigen zum Schlingen und trinken Filterkaffee zu Spaghetti –, aber all seine Folgen: dicke Kinder, Diabetes, Herzversagen; alle paar Monate schlagen die Medien Alarm.

Das zweite große Thema ist, wo das Essen herkommt, wer darin herumgepantscht hat. »Essen ist politisch«, doziert Alice Waters. Die zierliche Frau mit den Wolfsaugen gilt als die Revolutionärin der amerikanischen Küche – eine Exzentrikerin, die sich seit Jahrzehnten mit Lebensmittelkonzernen und Politikern anlegt, eine beinharte Feindin der Dosen- und Mikrowellenkost, Vorreiterin der grünen Welle. Und im Herzen natürlich eine Romantikerin – wie alle Revolutionäre –, die der Überzeugung ist, wenn wir nur alle biodynamisches, saisonales Gemüse äßen, »lebten wir in einer besseren Welt«.

Als ich auf diese Bemerkung hin ein kleines Lächeln andeutete und durch die Nase schnaubte, wurde ihr Blick fest. Sie führte mich gerade durch ihr Restaurant »Chez Panisse«, das einmal das berühmteste Lokal der Nation war, die Keimzelle einer neuen Ess-Kultur. Es trägt einen französischen Namen, weil die Gründerin in ihren Hippie-Tagen La Grande Nation bereiste und sich Hals über Kopf verliebte in morgenfrische Croissants und provenzalischen *mesclun*-Salat und Crèmekaffee, in dem der Löffel stand; »Panisse« ist ein Held aus ihrem französischen Lieblingsfilm. Als sie ins Uni-Städtchen Berkeley bei San Francisco zurückkehrte, tat sie sich mit einer Handvoll »Aktivisten« zusammen – also keinesfalls professionellen Gastronomen oder gar Finanzfachleuten – und eröffnete 1971 ihr französisch gestimmtes Lokal, das erfreulicherweise den Dilettantismus seiner Geschäftsführung überlebte und seinen Erfolg notgedrungen auf exzellentem Essen begründete. Alice servierte all das exotische Zeug, das sie in Frankreich genossen hatte, und jonglierte auf ihren handgeschriebenen Speisekarten mit Akzenten und mit Begriffen, die kein Amerikaner je gehört oder für essbar gehalten hätte. Die Zutaten kamen frisch vom Markt, die Kühe offerierten überglücklich ihre Milch, jedes Steak war der Chefin noch aus der Zeit bekannt, als es von Haut und Knochen umgeben fröhlich auf der Wiese stand und an nichts Böses dachte. Alice Waters verbreitete die »Slow Food«-Idee in Amerika und brachte ihren Landsleuten bei, Tomaten am besten im Sommer zu essen, wenn sie frisch auf den Feldern der Umgebung reifen und nicht aus Neusee- oder Holland eingeflogen werden müssen. »Essen kann die Welt verändern«, sagte sie mit diesen sprühenden grauen Augen und einem stählernen Lächeln, das auf hunderten Kongressen vor McDonald's-Vertretern und Lebensmittel-Lobbyisten aus Washington geschmiedet wurde.

Als wir in ihrem Bistro saßen, erzählte sie von ihrem Kampf, an amerikanischen Schulen Lehr-Gärten zu errichten, in denen Kinder Salat und Kartoffeln anbauen und lernen, dass Abendessen nicht immer aus der Plastikpackung kommen muss. Sie sprach davon, dass junge Amerikaner nicht mal mehr die vier grundsätzlichen Geschmacksrichtungen süß-sauer-salzig-bitter unterscheiden können, sondern nur noch zwei kennen: Pommes und Ketchup. Dass »Convenience Food«, Fertigessen, mit seinem hohen Zuckergehalt krank und fett mache und die produzierende Industrie dies sehr wohl wisse, aber achselzuckend in Kauf nehme, der Konsument wolle eben keine Zeit verdaddeln mit Einkaufen und Am-Herd-Stehen. Manchmal traten ihr Tränen in die Augen; Ernährung ist ihr Leib- und Magenthema, da kann man in diesem Land schon mal verzweifeln.

Die Gegend, in der Alice Waters damals ihr Lokal eröffnete, nennt man heute »Gourmet Ghetto«, weil auf diesen paar Straßenzügen in Berkeley sich exzellente Lebensmittelgeschäfte, Cafés und Restaurants häufen. Ich taumelte nach meinem Mittagessen im »Chez Panisse« ganz benommen durch Bäckereien, wie ich sie seit meiner Abreise aus Deutschland nicht mehr gesehen hatte (Krustenbrote! Laugenwecken!), bestaunte die Obstabteilungen in Biosupermärkten wie Zonen-Gabi ihre erste Banane und betrat Käseläden, da tränten mir die Augen – nicht nur vom Romadur, sondern weil man normalerweise in den Geschäften nichts anderes zu sehen bekommt als gelbfade Gouda-Schnitze.

Als ich tags drauf von meinem Genießer-Trip nach Berkeley schwärmen wollte, geriet ich ausgerechnet an die Hundesitterin Lori, an deren Seite ich durch unseren Canyon spazierte und die mir ganz schnell klar machte, dass Essen für viele Amerikaner Lust und Sucht sein mochte – für andere bedeutet es Last und Qual. »Ich esse keinen Käse«, bekannte sie schaudernd, und ich sah sie verstohlen von der Seite an, dünne Beine, spitzes Kinn; irgendwie hätte ich jetzt lieber mit einem Doppelkinnträger über hellblonden Reblochon und Tiroler Bergkäse geplaudert.

Ich traf Lori häufig morgens auf meinen Spaziergängen. Sie war ein Profi, sie führte immer zwischen drei und zehn Hunde aus, ein fröhliches Rudel voller Golden Retriever, man sah nur wedelnde Schwänze und Tennisbälle, die in ihren Mäulern saßen wie geschwollene gelbe Zungen. Lori hinterließ auf ihrem Pfad sorgfältig verschnürte »poop«-Pakete, die sie auf dem Rückweg wieder einsammelte und im Auto zur nächsten Mülltonne transportierte; eigentlich sollte sich so jemand dem Mief einer Käsetheke nicht verschließen können. Aber gut, kein Käse. Amerikaner sind seltsam. Jahrelang hörte man in Restaurants nichts anderes als den spitzen Aufschrei »If it's white, don't bite!«, wenn die Kellner das Brotkörbchen auf den Tisch stellten – kein Weißbrot essen, es macht dick. Keine Butter aufs Brötchen, das macht fett. Und Käse aufs Brötchen, davon kriegt man wahrscheinlich Darmverschluss.

»Ich esse keine Milchprodukte. Ich bin Veganerin«, erklärte Lori und bekam einen seltsam weihevollen Gesichtsausdruck, als wäre ihr gerade die Lösung für den Tibet-Konflikt eingefallen.

Ich behielt daraufhin meinen Käse für mich.

Einmal marschierten wir zu dritt durch die Berge, eine andere Kalifornierin gesellte sich zu uns, die sich ebenfalls zum Veganismus bekannte. Allerdings sei sie Anfängerin und hauptsächlich interessiert an Gewichtsverlust, nicht so sehr an der Abschaffung der Massentierhaltung oder anderen ethischen Zielen der Bewegung. Und es überkomme sie manchmal ein atavistischer Drang nach Hühnerkeulen, für den sie sich fürchterlich schäme. Ich blieb sehr still während ihrer Konversation, aus Angst, in einen Fettnapf zu treten; tierisches Fett womöglich.

»Ich trage keine Lederschuhe«, sagte Lori sachlich.

»Gott behüte!«, rief die Anfängerin. »Nichts, wofür Tiere sterben müssen. Aber hast du manchmal … Gelüste?«

»Worauf?«, fragte Lori, es klang nicht irritiert, eher bekenntnisbereit.

»Schokolade«, flüsterte die Anfängerin.

»Brownies«, nickte Lori. Ich wartete auf Details, aber die beiden schwiegen für eine Weile, gedanklich gefangen in ihrer Gelüstehölle, und so traute ich mich vorsichtig zu fragen, welches Tier für Schokolade sein Leben lassen musste.

»Es ist die Milch«, sagte Lori mütterlich. Ich Dummes. »Milch und Eier, im Falle der Brownies. Oh, wenn die Kuchenstücke innen so ganz feucht und saftig sind ...«

»Schokoladig saftig«, speichelte die Anfängerin.

Wieder schwiegen sie, ich hörte sie schlucken. »Aber man muss doch die Kühe nicht töten, um an ihre Milch zu kommen«, sagte ich ganz behutsam. »Und Hühner überleben das Eierlegen tadellos.«

»Hühner legen nur in Gefangenschaft täglich ein Ei. Und Kühe geben nur täglich Milch, weil sie alljährlich besamt werden, und ihre Kälber werden aufgegessen«, erwiderte Lori knapp. Dann, viel sanfter, zur anderen: »Isst du Honig?«

»Nein! Wie kann man!«, rief die Anfängerin ein bisschen zu schnell.

Ich stellte mir hungernde Bienenkinder vor, die in ihre soeben geplünderten Stöcke zurückkehrten, und prompt hatte ich für den Rest des Tages Karel Gott und seine »Biene Maja« im Ohr und verfluchte die ganze Summerei, statt Mitleid zu empfinden.

Sie schlafe schlecht, sagte Lori. Die andere nickte ernst. Das kenne sie.

Es liege vielleicht am Vollmond, meinte Lori. Aber vielleicht auch an diesem Kneifen im Magen (Hunger, dachte ich höhnisch). Manchmal spreche ihr Körper auf die streng vegane Ernährung nicht an, sie bekomme Krämpfe von all den Hülsenfrüchten. Und bei ihr, sagte die andere, liege es wahrscheinlich daran, dass sie als Kind jahrelang missbraucht worden sei, das raube ihr auch hin und wieder den Schlaf.

Ich stockte. Ich blieb stehen und starrte der Anfängerin nach. Missbraucht!, wollte ich rufen. Oh mein Gott! Von wem?

Wie schrecklich! Wann hat es aufgehört? Wurde derjenige bestraft? Wie geht es dir? Bist du in Therapie? Wussten deine Eltern davon? Wie kam es heraus? Wer …

»Also, bei mir sind es definitiv die Linsen«, sagte Lori ernst.

Die beiden waren jetzt ein paar Schritte vor mir, und ich legte einen kleinen Trab ein, um sie wieder einzuholen.

Sie sprachen über Brownie-Rezepte.

Kürzlich traf ich Thomas Keller wieder. Auf der Oscar-Verleihung. Ich stand in meiner Reporter-Ecke am Roten Teppich, meine Kollegen hatten es gerade geschafft, die hochschwangere Cate Blanchett für ein kleines Interview an ihre Seite zu locken. Als mein Blick auf Keller fiel, winkte ich ihm so begeistert zu, dass er an unsere Absperrung schlenderte; vermutlich ratterte es dabei in seinem Hirn, wer ist die Frau, wer ist die Frau. Und ich hatte mich schlicht vertan: Mir fiel partout nicht ein, woher ich ihn kannte, ich wusste nur, dass ich etwas sehr Angenehmes mit ihm verband. »Was haben Sie denn hier verloren?«, fragte ich belustigt, für ein paar Sekunden lang der Überzeugung, dass es sich um einen Nachbarn handeln musste.

»Ich habe doch die Rezepte gemacht für ›Ratatouille‹«, erwiderte er verlegen; er meinte den Zeichentrickfilm über eine kochende Pariser Ratte, der ein paar Stunden später mit einem Oscar prämiert wurde.

»Die Hörnchen!«, entfuhr es mir. »Oh, richtig! Herr Keller! Wie schön, Sie wiederzusehen! Wunderbar kocht die Ratte!«

»Danke«, sagte er und lächelte. »Und was machen Sie hier?«

»Ich frage Schauspielerinnen, ob sie schwanger sind.«

»Das muss man auch können«, erwiderte er freundlich. Da drängte ihn Cate Blanchetts Entourage, nicht zu vergessen ihr eigener mächtiger Bug, auch schon beiseite. Er winkte mir ein bisschen unbeholfen zu, so als überlegte auch er, welche Nachbarin ich wohl sei, und stolperte über eine Teppichfalte. Dann steckte er die Hände in die Hosentaschen und stakste von dannen, ein langer dünner Mann mit magischen Kräften, von denen die Mehrzahl der Leute hier keine Ahnung hatte.

»Ich habe dir Wildschwein mitgebracht«, sagt Phil.

»Lebt es noch?«, frage ich misstrauisch. Er steht in meiner Küche, der Hund ist ihm wie immer dicht auf den Fersen und blickt bewundernd zu ihm auf.

Phil reicht mir ein Päckchen in weißem Schlachterpapier. »Es hat einen sehr starken, eigenen Geschmack. Ich dachte mir, Hack ist nicht schlecht für dich, das kannst du mischen mit ein bisschen Rind oder Huhn. Ich habe es am Wochenende in Oregon … aufgetan.«

»Erschossen, sag's ruhig«, murmele ich und öffne behutsam das Päckchen. »Kochst du das selbst, oder macht das deine Frau?«

»Selbst! Männer gehören an den Herd!«, erwidert er und wirft sich in die Brust. »Ich kann sehr gut kochen. Tom, sag, dass ich gut kochen kann.«

Tom kommt um die Ecke, er hat Phils Truck entladen, die beiden bringen Fliesen für eine Wand in der Küche. Auf Toms Stirn glänzt Schweiß, er wirft seinem Kumpel – der einen Kopf größer ist und Arme hat wie Albatrosschwingen – einen finsteren Blick zu und wuchtet einen Karton Steinfliesen auf die Stufen vor der Küche. »Was macht ihr hier, wollt ihr euch verabreden?«

Ich wende mich peinlich berührt ab und packe das Wildschwein in den Kühlschrank. Phil grinst. »Hattest du schon mal ein typisch amerikanisches Date?«, fragt er und macht keine Anstalten, Tom beim Tragen zu helfen.

»Selbstverständlich«, tue ich cool, aber mir wird warm. Es ist heiß und sonnig, Toms dünne Haare unterm Stirntuch ringeln sich feucht.

»War es unterhaltsam?«, fragt Phil. Tom ächzt und verdreht die Augen.

Ich seufze. Wahrheitsgemäß berichte ich, dass Chad, der Chiropraktiker, den ganzen Abend nur über seine Arbeit geredet hat.

Phil blickt mich aufmerksam an. »Interessant«, sagt er.

»Nein, gerade nicht! Es war sterbenslangweilig! Er erzählte mir alles über Gelenkkapseln und Weichteilbehandlung, vielen Dank.«

»Er war definitiv an dir interessiert«, beharrt Phil.

Ich werfe meinen roten Kopf in den Nacken und kichere, aber er fährt unbeirrt fort: »Er wollte dir zeigen, dass er Erfolg hat im Beruf und in der Lage ist, eine Familie zu ernähren. Er hat die Federn gespreizt vor dir. Er hat den Balzsong angestimmt. Aber wahrscheinlich hättest du mehr Spaß, wenn du mit mir ausgehen würdest. Ich bin ein verheirateter Mann«, er zeigt die Zähne, »ich darf mich gar nicht spreizen, ich würde dich den ganzen Abend lang reden lassen.«

»Sie ist älter als du«, knurrt Tom und drückt ihm einen Karton in den Arm.

»Bring das staubige Zeug nicht hier rein!«, fauche ich ihn an.

Phil lehnt am Herd, die Mel-Gibson-Augen sprühen, er gefällt sich gerade tierisch gut. »Ich mag ältere Frauen. Sie sind irgendwie toleranter. Jüngere quatschen immer von der Zukunft. Die älteren waren schon dort und wissen, dass es in der Zukunft auch keine besseren Männer und keinen besseren Sex gibt. Also genießen sie lieber die Gegenwart.«

Tom räuspert sich. »Jäger und Philosoph, du bist vielleicht eine gute Partie.«

Phil lässt sich nicht aus der Ruhe bringen. Er lächelt mich an. »Und außerdem fragen sie nicht dauernd, was man denkt. Es ist ihnen nämlich scheißegal.«

Mir kleben die Haare am Nacken vom Schweiß. »Danke fürs Schwein«, brumme ich. Ich frage mich, wie oft Phil seine Frau betrügt. Ich frage mich, wieso ich mich das frage. Und ich beschließe, die Herren heute streng vegan zu bekochen.

WHAT'S NEW, PUSSYCAT?

Eines Tages wurde mir bewusst, dass der Geist von Gidget über mich kam.

Dazu muss man sagen, dass ich mich als vernunftbetonte Nordeuropäerin in ihren mittleren Jahren beschreiben würde, die seit Langem einen Beruf ausübt, der klares Urteilsvermögen und eine gewisse Sachlichkeit erfordert, und die seit mehr als zwei Dekaden über eigene Bankkonten, eine eigene Krankenversicherung und aktuell über mindestens acht tadellos sitzende und mit jedem Konferenzraum, mit jedem Gesprächspartner, mit jeder Glaubensrichtung der nördlichen Hemisphäre kompatible Business-Outfits verfügt. Gidget hingegen – Gidget ist ein Bimbo. Ein blonder, sechzehnjähriger Teenager, der seine ohnehin sinnfreien Reden mit Füllseln wie »irgendwie«, »und so« und »total« spickt und an einer ernsthaften Karriere oder dem Lauf der Welt so interessiert ist wie eine Ente an der Mengenlehre. Das einzig Gute an Gidget ist, dass es das Mädchen nicht wirklich gibt: Sie ist eine Filmfigur aus den fünfziger Jahren, die in ihrer sonnengeküssten Unschuld damals für ganz Amerika das Leben in Südkalifornien verkörperte. Gidget auf ihrem Surfbrett, das wurde zum Sinnbild für Strand und Leichtigkeit, Beach-Boys und Bikini-Girls, blauen Himmel und braune Beine, Jugend, Unbeschwertheit und Natur. Kino- und Fernsehzuschauer vergötterten dieses sonnige und bemerkenswert schlichte Geschöpf, das nacheinander erst die Segnungen des Surfens und dann des Testosterons entdeckt; es geht immer nur um Bretter und Boys, aber der Inhalt des Kinofilms und der späteren TV-Serie ist zweitrangig für Gidgets kontinuierliches Wirken: als der Geist, der Fun und Flip-Flops über den seriösen Teil der Menschheit bringt.

Ich merkte es erst gar nicht. Ich sah die nackten Füße, die unter mir herliefen, und ignorierte, dass es meine waren. Ich kaufte mir im Dutzendpack Tank Tops, ärmellose T-Shirts, und wähnte mich darin vollständig bekleidet. Ich trug knielange Jogginghosen, »nur im Haus«, und vergaß, dass ich damit auch einkaufen ging. Der Geist von Gidget drang in meinen Kleiderschrank, und wenn immer ich hineingriff, drückte er mir ein Paar Shorts in die Hand; manchmal war mir, als hörte ich dazu ein triumphierendes Kichern.

Einmal spazierte ich mit dem Hund in einem gepflegten kleinen Park, der sich unweit des »Playboy Mansion« befindet. Den Großteil der Anlage nimmt ein Golfplatz ein; nach Feierabend stehen Männer in ihren Bürohosen auf dem Rasen und üben Abschlag. Der Palast von Aaron Spelling blickt erhaben übers Grün, und ab und zu kurven Autos mit Nummernschildern aus Nevada und Ohio vorbei, darin junge Mädchen mit unternehmungslustigen Rufen: »Wohnt hier nicht Charlie Sheen?«

Es ist ein irgendwie eleganter kleiner Park, voller Rosenbeete und chinesischer Ulmen, in deren Schatten Rentner dösen und Kleinkinder erste Gehversuche unternehmen oder auf ihren Windelpaketen thronen. Charlie Sheen habe ich dort nie gesehen. Aber ein internationales Sexsymbol in hellblauen Frotteehosen.

Okay, seine wirklich scharfen Zeiten liegen eine Weile zurück. Als Tom Jones, genannt »der Tiger«, noch ein junges Raubtier war und auf seinen Konzerten in Rüschenhemd und hautenger Strickhose »My, my, my – DELILAH!« schmetterte, warfen ihm Verehrerinnen haufenweise Dessous und die Schlüssel ihrer Hotelzimmer auf die Bühne. Der Eros aus Wales räumte Bettgeschichten mit bis zu 250 Frauen ein – pro Jahr, wohlgemerkt, darunter Models, Schauspielerinnen und eine Miss World. Er blieb jedoch mehr als fünf Jahrzehnte stur verheiratet mit seiner Jugendliebe, die ihn nach Bekanntwerden der einen oder anderen Affäre schon mal grün und blau geschlagen haben soll.

Vor ein paar Jahren ernannte ihn Königin Elisabeth zum »Sir«. Da war er fünfundsechzig. Nun kenne ich mich in der Welt der Ritter und der Herrenmode nicht besonders aus, aber vielleicht ist damit ja das offizielle Alter erreicht, in dem Männer wieder hellblaue Frotteehosen tragen dürfen – nachdem Mutti sie circa dreiundsechzig Jahre zuvor zum letzten Mal in eine gesteckt hat.

Georgie, der den kleinen Park ein bisschen langweilig findet, weil er immer an der Leine bleiben muss, zog an jenem sonnigen Spätnachmittag zielstrebig auf zwei spanielartige Hundemädchen zu, die sich in ihrer Langohrigkeit erst sehr vornehm gaben und dem Rüden dann – zur Erinnerung: Er war *intakt*! Welch Seltenheit! – ihre Hinterteile vor die Nase drängten mit einer Begeisterung, die durchaus dem Auf-die-Bühne-Schmeißen von Miederwaren entsprach. Am anderen Ende der Spanielinnen-Leine befand sich eine rundliche blonde Frau, ihr zur Seite stand der Mann in Hellblau. Rabenschwarze Krussellocken, sehr brauner Teint. Die Frau lächelte ein bisschen erschöpft, wahrscheinlich weckte die glanzäugige Bereitschaft ihrer Hunde-Girls unliebsame Erinnerungen. Und Georgie, der bis vor einer Minute noch mein süßer, unschuldiger Welpe gewesen war, hievte sich plötzlich mit Schwung und Machismo auf den Rücken von Spanielin Nummer eins.

»Er hat den Hund von Tom Jones gerammelt!«, erzählte ich später schuldbewusst meiner Nachbarin.

»*What's new, pussycat?*«, rief sie reflexartig, selbstverständlich auf Jones' Hit-Song anspielend. »Wie hat er reagiert?«

»Gar nicht. Sehr gelassen.«

»Kindchen, der Mann hat schon ganz andere Sachen erlebt. Ich habe Tom Jones einmal auf einem Konzert in Las Vegas gesehen. Er war sexy wie die Hölle! Und diese Stimme! Er konnte uns alle mit seiner Stimme ausziehen. Ich hätte meinen Büstenhalter auf die Bühne geworfen, aber es waren die Sixties, ich besaß gar keinen.«

»Er trug Bermudas. Aus Frottee«, sagte ich gedämpft.

Beverly rollte die Augen. »Komm mir jetzt nicht mit europäischem Hochmut. Das ist Amerika! Die Heimat der Shorts und Jogginghosen. Wir haben den *casual friday* erfunden und den Fleece-Pullover. Hier kann jeder tragen, was er will, ich glaube, das steht so in unserer Verfassung. Das Recht auf Glück und Gummizug! Und wirf mal einen Blick in den Spiegel. Wann hattest du zuletzt eine gebügelte Bluse an?«

Entfernt hörte ich ein höhnisches Kichern, es war der Geist von Gidget. Ich errötete. Und in einer Aufwallung von Trotz tönte ich, dass wohl allein die amerikanische Außenpolitik größeren Schaden über die Welt gebracht hätte als der amerikanische Bekleidungsgeschmack. Dessen Bandbreite bekanntlich reicht von Jeans bis Khakis, von T-Shirt bis Sweatshirt, von Turnschuh bis Turnschuh. Mit Mode hat das so viel zu tun wie Flatulenz mit Beethovens Eroica, aber bequem ist es, vielen Dank.

Eine deutsche Freundin von mir, die seit mehr als einem Jahrzehnt in Venedig lebt und tagtäglich die Eleganz italienischer Gestaltungskunst quasi einatmet (plus den Brackwassermief aus den Kanälen, jenen ganz konkret), findet den Anblick amerikanischer Touristen auf dem Markusplatz schlimmer als Spaghetti mit Vanillesoße. Sie ist neuerdings mit einem Venezianer verheiratet, dessen Stilempfinden in etwa dem von Giorgio Armani entspricht (eine Entwicklungsstufe, von der die meisten Männer, die ich kenne, so weit entfernt sind wie in geistiger Hinsicht von Stephen Hawking, in seelischer vom Dalai Lama oder rein äußerlich von Brad Pitt). Man würde ihren Italiener eher mit dem Bauch nach oben dümpelnd im Canal Grande antreffen als mit heraushängendem Hawaii-Hemd über »Gap«-Bermudas zu Adiletten. Und die Freundin selbst – ein feingliedriges Wesen von der Größe und Anmut einer Zierantilope – kleidet sich in perfekt sitzende Kostümchen und atemberaubende Sommerkleidchen und würde hinterwärts ins Brackwasser plumpsen, nein: sich ins Brackige stürzen!, sähe sie mich in der kalifornischen Alltagskluft.

Der Geist von Gidget verführt Frauen zu bunten Fähnchen, die eigentlich ihre zwölfjährigen Töchter tragen sollten, und erwachsene Männer zu geblümten Bermudas, mit denen sie direkt auf ein Surfbrett steigen könnten (und es vermutlich auch tun). Ewig Teenager, allseits sonnige Gemüter. Der Geist erobert alle Generationen und alle Gehaltsklassen; höchstens am Modell des Handys oder am Autoschlüssel lässt sich Mister Jedermann von, sagen wir, Steven Spielberg unterscheiden. Einmal stand ich in Santa Monica hinter einem dieser Schlabberhosentypen an der Kinokasse – schlabbriges Hemd über der schlabbrigen Körpermitte, entenfußweite Turnschuhe; er kaufte sich einen Pott Popcorn und eine große Cola mit typischerweise zwölf Kilo Eiswürfeln, und als er im Saal vor mir Platz nahm, war es Tom Hanks.

Seit der Blauen Revolution, dem Siegeszug der Jeans aus den fünfziger Jahren, verdanken wir es Amerikas Modebewusstsein, dass sich Teenager sämtlicher Industrienationen gleich anziehen; beziehungsweise – man denke an die Gesäß-Dekolletés junger Mädchen mit freigelegtem Stringtanga – auf die gleiche aufdringliche Weise *nicht* anziehen. Ich habe einmal den Musiker fünfzig Cent interviewt, einen bulligen Typen mit Haarnetz auf dem schwarzen Schädel, einem riesigen T-Shirt, unter dem sich eine schusssichere Weste verbarg, und jenen Beinkleidern, in deren tief hängendem, geräumigen Hosenboden sich eine fünfköpfige Waschbärenfamilie gemütlich einrichten könnte. Der Rapper, der von Kontrahenten einmal fast erschossen worden wäre, gab im Büro seiner Plattenfirma Auskunft über seine Vergangenheit als Drogen-Dealer und sein neues Album; an Letzterem war er eindeutig mehr interessiert als die ihn befragende Presse, die sich lieber das Einschussloch in seiner Backe und die Knarren seiner Bodyguards zeigen ließ. Fünfzig Cent war also ein bisschen gelangweilt, aber es gab ein Thema, bei dem er plötzlich hellwach wurde: In München, erzählte er, habe er nach einem Konzert hinter der Bühne ein paar junge Fans getroffen, »und die sahen alle aus wie aus dem Ghetto, Mann«, sagte er grinsend. Kleine, semmelblonde bayerische Buben mit roten Backen, »aber alle trugen sie Hemden wie wir und Hosen wie wir und dicke Silberketten wie wir, richtige *gangsta*, total verrückt.«

Nun hat sich mir der Charme der von Rappern favorisierten »Saggy Pants« nie eröffnet. Ich gehöre noch zu jener Generation von Hosen-Trägern, die Wert darauf legen, dass das Hinterteil darin gut aussieht. Heutzutage muss es sich nicht einmal mehr darin befinden.

»Ich werde alt«, sagte ich neulich düster zu Tom. »Ich verspüre immer häufiger das dringende Bedürfnis, kleinen Jungs die Hosen hochzuziehen. Wieso finden – klinge ich rassistisch? – besonders schwarze Teenager es so toll, ihren Hintern zwischen den Knien hängen zu haben?«

»Du klingst rassistisch«, sagte Tom gemütlich. Er saß im Schatten auf der kleinen Maulwurfswiese, schnitt von einer Rolle Netzstoff große Rechtecke ab und spannte diese in dünne Metallrahmen, Fliegengitter für meine Fenster. Er trug wie immer Jeans voller Farbkleckse und ein weißes Jeanshemd ohne Ärmel. Das besaß er in Weiß und in Blau, und wenn es kälter wurde, zog er ein langärmeliges T-Shirt drunter. Seine Uniform. Seinen »Stil« nannte er es und war stolz darauf. Alle paar Monate fand ich ein zerknülltes ärmelloses Jeanshemd im Müll, dann hatte er sich ein neues, identisches gekauft.

»Ist das nicht genial?«, fragte er und wies auf drei bereits bezogene Metallrahmen im Gras. »Beachte das handwerkliche Geschick und die Eleganz meiner Maßarbeit! Meine Hände sind tatsächlich Wunderwerke der Natur, ich staune immer wieder.«

»Es ist eine saublöde Mode«, beharrte ich.

»Aber was wären sie ohne meinen überragenden Geist?«, rhapsodierte er munter weiter. »Ich war in meinem Leben schon arbeitslos und obdachlos, aber ich habe niemals gestohlen oder betrogen, weil ich immer wusste, dass mein Genie mich vor Armut oder Gefängnis bewahrt. Da kommt sie übrigens her.«

»Wer?«, fragte ich verwirrt. Wenn Tom zu seinen Eigenlobhudeleien anhob, schaltete ich sofort ab. Er konnte sich minutenlang darin ergehen, wie großartig er war; er wirkte beneidenswert gelöst und unbefangen dabei, so als schwärmte er von einem befreundeten Einstein. Mich machte er damit natürlich rasend. Ob er keine Angst habe, bei so viel Selbstpreisung für … eitel gehalten zu werden?, fragte ich ihn einmal hinterhältig. Unbekümmert gab er zurück, dass er gottlob über ein gesundes Selbstbewusstsein verfüge. »Ihr Deutschen schämt euch bestimmt, wenn ihr etwas an euch gut findet«, sagte er grinsend. »Ihr setzt euch in einen dunklen, kalten Wald und grämt euch und erfindet dann schnell etwas oder schreibt ein deprimierendes Gedicht, um Abbitte zu leisten für euren Narzissmus.«

Ich weiß noch genau, wie ich unmittelbar nach dieser Sentenz in die Küche ging und die Weißweinflasche aus dem Kühlschrank nahm.

»Wer kommt woher?«, fragte ich.

Tom lächelte überlegen. Er war immer glücklich, wenn er mir die Welt erklären durfte. Und er verlängerte sein Erhabenheitsgefühl, indem er es rhetorisch in alle Richtungen wälzte, wie Kuchenteig unterm Nudelholz. Er begann mit Statistiken über die Anteile schwarzer und weißer Insassen in US-Gefängnissen. (»Woher hast du diese Zahlen?«, fragte ich. »Nur weil ich sie erfunden habe, müssen sie nicht falsch sein!«, gab er beleidigt zurück.) Dann kam er auf die Hosen: »Weil es im Gefängnis aus verständlichen Gründen keine Gürtel gibt, rutschen sie eben. Sie wurden erst notgedrungen so getragen, aber dann entwickelten sie sich zu einer Art Protest gegen das System und signalisierten die Zugehörigkeit zu einer Randgruppe.« Er hielt kurz inne und horchte beeindruckt seinen Worten hinterher. Georgie nagte still an der Rolle mit dem Fliegennetz. »Die schwarzen Kids in der Bronx und South Central L. A. haben die Hängehosen aus dem Gefängnis auf die Straße geholt. Es ist cool, rumzulaufen wie ein Knastbruder. So soll das entstanden sein. In manchen Kleinstädten übrigens müssen die Jungs Strafe zahlen, wenn ihre Hosen zu tief sitzen. Das gilt dort als obszön. Oder sie kommen wegen Gefährdung der Moral in den Knast. Und so schließt sich der Kreis. Ist die Welt nicht immer wieder ein wunderlicher Ort?«

»Ich werde alt«, wiederholte ich und seufzte.

»Das stimmt«, nickte Tom und widmete sich wieder, fröhlich pfeifend, seiner Fliegengitter-Arbeit.

»L. A. ist die Mode-Hauptstadt der Welt«, sprach kurz nach unserem Wiesen-Räsonnement ein junger Mann, der in seiner Hängematte lag. Wir befanden uns im Garten seines frisch erworbenen Häuschens in Hollywood, ich sollte ihn interviewen über seinen fabelhaften Beruf: Es hieß, er sei einer der bedeutendsten Trend-Jäger des Landes. Er beriet internationale Großkonzerne, welche Produkte die *cool kids* klasse fanden. Denn da die Anzug-, Leistungs- und Entscheidungsträger jener Unternehmen in der Regel von Trends und Moden so viel Ahnung haben wie umgekehrt Teenager von Bilanzen und Rentenfonds, brauchen sie Scouts wie jenen Typen in der Hängematte, der ihnen die bunte Welt des Internet erklärt und das Leben nach Mitternacht, wenn Anzugträger lange schon im Pyjama stecken.

Wobei dieser Mark Hunter nicht im Geringsten so aussah, als wüsste er viel über Mode, als könnte er auch nur Jacke von Hose unterscheiden. Er trug jedenfalls weder das eine noch das andere, sondern nur einen leopardengemusterten Slip, aus dem nach unten und nach oben ein dicker Teppich schwarzen Körperhaars entwich. Sein durchaus fleischiger Leib beulte die Matte aus wie einen vollen Euter, er schaukelte behaglich hin und her. Zu seiner Ehre sei gesagt, dass er das extreme Outfit wählte, weil er gerade fotografiert wurde; er schien der Meinung, dass der Art Director des »Stern« seinen Humor teilte und freudig einen halbnackten Pummel abbilden würde mit mehr Haaren auf dem Fußrücken als Mel Gibson auf dem Kopf. Ich konnte Hunter nur wünschen, dass er mit seinen Einschätzungen der Jugendszene eher ins Schwarze traf.

»Was ist denn gerade in?«, fragte ich ihn, nachdem er sich wieder angezogen hatte und eine Platte Nachos zu mümmeln begann, die ihm einer seiner drei Assistenten servierte. Drei! In der Status-fixierten Entertainment-Branche entspricht das in etwa goldenen Wasserhähnen und einem Jacuzzi mit fest angestellter Badenixe.

»*Diese* Art Sonnenbrillen«, nuschelte er mit vollem Mund und hob ein Exemplar dunkler Gläser in die Höhe, »und Polohemden sind in.« Kracks, knackten die Chips. »Die neue Einfachheit. Nicht mehr laute, schrille Outfits, sondern ein schlichtes, qualitativ hochwertiges Polohemd.« Kracks, kracks.

Unter seinem Künstlernamen »Cobrasnake« hatte Hunter, Anfang zwanzig, vor ein paar Jahren eine Webseite aufgebaut, auf der er Schnappschüsse von jungen, hippen Menschen veröffentlichte. Von Haus aus war der Jäger nämlich Fotograf und spezialisiert auf Partys – kein Paparazzo, der Berühmtheiten auflauerte und abschoss, sondern der im Gegenteil völlig unbekannte und bereitwillige Kids in ihren Lieblingsposen aufnahm. Junge Mädchen beim Zungerausstrecken, junge Männer mit Bierdosen in der Hand. Grinsegesichter, Grimassen, manchmal eine nackte Brust unter hochgerafftem T-Shirt, auffällige Frisuren, kühnes Make-up, Miniröcke, Zungenküsse.

Ein bestimmtes Mädchen hatte Hunter besonders oft fotografiert: eine bambi-äugige Brünette namens Cory Kennedy aus

L. A., die auf knochigen langen Beinen durch seine Internet-Galerie stakste. Nicht besonders schön und nicht besonders smart, entwickelte sie sich dennoch – oder deswegen? – zum »Internet-It-Girl«: Ihre Outfits wurden auf anderen Webseiten kommentiert, ihre Sprüche in Blogs diskutiert. Wenn Hunter zum Fotografieren in ferne Länder reiste, begleitete sie ihn; auf den Straßen von Tokio, erzählte er stolz, wurde Cory von »Fans« erkannt und angehimmelt. Schließlich sprangen die »alten« Medien auf das Phänomen an und widmeten Cory Titelgeschichten in Mode- und Szene-Illustrierten, die allesamt vom Staunen darüber geprägt waren, dass ein Wesen ohne deutliche Talente berühmt werden kann (Paris Hilton muss diese Ausführungen mit Interesse verfolgt haben). Cory ergatterte schließlich einen Werbevertrag für Kosmetik. Und Hunter, der sich als ihr Erfinder bezeichnet, sah seine Kunst bestätigt: Er weiß, was die unberechenbarste Zielgruppe der Welt – die Jugend – will.

»Dabei bin ich selbst ganz uncool«, sagte er friedlich. Er hatte sich karierte Bermudas übergezogen, ein schlabbriges T-Shirt, Sportschlappen. Ganz lässig, ganz bequem. Er sah aus wie Gidgets Enkel.

Und er war überzeugt, gerade damit den nächsten »Makrotrend« erkannt zu haben – und ihn sogar zu verkörpern: den Charme des Normalen. Für diverse Werbekampagnen, die er fotografieren durfte – unter anderem für eine amerikanische Supermarktkette und einen Kosmetik-Riesen – verzichtete er dankend auf Supermodels und stellte lieber seine Freunde vor die Kamera, die nun wahrlich keine Schönheiten sind. »Aber echt«, sagte er stolz.

Wenn Hunter recht hatte, dachte ich aufgewühlt auf dem Nachhauseweg, dräute dem Land eine Supermodelkrise; früher oder später würde die Regierung einschreiten müssen. Auf den Straßen Schlabberhoseninvasionen, okay – aber dann auch in der Glitzerwelt von Mode und Werbung? Ich hatte Visionen von randalierenden Beautys in Kneipen, haltlos betrunken (»Meine

Modelagentur versteht mich nicht!«), und von Rehab-Centern, die überquollen von ausrangierten Supermodels (Auszug aus einem Therapiegespräch: »Sie buchen mich nicht mehr, dabei hab ich sogar O-Beine!« – »Ist gut, Kate.« – »Und ich, ich hab ne Warze, ne richtige Warze!« – »Cindy, du weißt genau, dass das ein Schönheitsfleck ist.«)

»Findest du, ich sollte modeln?«, fragte ich meine Nachbarin.

Sie bekam einen so dramatischen Lachkrampf, dass sie die Kordel ihrer Jogginghose lockern musste.

Ich war beleidigt. Immerhin hatte ich meine Informationen direkt aus dem Munde des Trendforschers. Der triumphale Aufstieg des Normalen stand unmittelbar bevor! Ein bisschen erinnerte mich seine Prophezeiung an den Spruch von Porno-Star Ron Jeremy, er sei so erfolgreich, weil er nicht danach aussehe (eine Theorie, die indirekt bestätigt wird durch die Tatsache, dass die Filme schöner Männer Titel tragen wie »Ocean's Eleven« und die von Ron »Orgazmo«).

Dem Franzosen Christian Audigier, der in den neunziger Jahren nach L. A. kam, um Amerika zu verschönern, wäre es nie im Traum eingefallen, seine Mode von Leuten wie dir und mir und du und ich bewerben zu lassen. »Streetwear« sagt man auf Deutsch zu den lässigen Klamotten, die der Mann aus Avignon zuerst für verschiedene amerikanische Jeans-Häuser entwarf und dann für seine eigenen Labels. Audigier verdankt seinen immensen Erfolg – innerhalb von wenigen Jahren trimmte er sein Unternehmen auf zweistellige Millionenumsätze – dem Umstand, dass die schönsten und coolsten Menschen der Welt sich darin blicken ließen.

Von Anfang an, erzählte er mir, als ich ihn in seinem Büro in Hollywood besuchte, schickte er seine Hemdchen und Käppis an Prominente und ihre Stylisten – ungefragt und kostenlos, allein in der Hoffnung, dass der eine oder andere Star damit mal vor eine Kamera spaziert. Und als dies dann auch geschah und in den Mode- und Klatschheftchen sein Name gedruckt wurde – »Heidi Klum in einem T-Shirt von ›Ed Hardy‹« –, war sein Aufstieg nicht mehr zu stoppen.

Ed Hardy ist ein Tätowier-Meister aus L. A., dem Audigier den Namen und die Designs abkaufte: Schmerzfrei ließ er dessen goldene Rosen und Drachen und Schriftzüge auf Baumwolle drucken und schuf so eine Art Rocker-Gidget-Mode – bequemes Zeug, in der die Jugend und die ewige Jugend von L. A. sich sowohl in den Supermarkt als auch auf eine Party begeben können. Von San Diego über Sydney bis Stuttgart-Zuffenhausen reißen sich Teenager um die Tattoo-Kluft. Mr. Hardy hat sich von den Tantiemen zur Ruhe gesetzt, Monsieur Audigier indes träumt vom weltumspannenden Mode-Imperium.

An den Wänden seines riesigen Büros hingen Fotos und Dankesbriefe all der Berühmtheiten, die er mit seinen Kleidern glücklich gemacht hat: von Nicole Kidman über Madonna bis zum französischen Staatspräsidenten Sarkozy, zu dessen Freunden er sich zählt. Wenn du es in der Mode-Industrie schaffen willst, raunte Audigier mit schwerem französischen Zungenschlag, dann musst du es in L. A. schaffen. Denn nur hier gibt es den bedeutendsten Laufsteg der Welt. »Wissen Sie, welchen? *Lequel?*«, fragte er und rollte mit den Augen wie im Kasperle-Theater, wenn gleich das Krokodil kommt.

Ich schüttelte den Kopf, leicht erschlagen von der rauen Energie, die der Mann abstrahlte. Er war bullig und trainiert wie ein Preisboxer und hibbelte auf dem Sofa neben mir wie ein Halbstarker. Unvermutet reckte er den ratzekurz geschorenen Schädel zur Tür und brüllte: »Ssssiiigarrääääătttt!«

Sekundenbruchteile später huschte ein Mädchen herein, das dem Meister seine Zigaretten brachte. Er nahm einen tiefen Zug und strahlte mich an: »Der wichtigste Laufsteg der Welt ist – der Rote Teppich! Wenn ’eidi meine Designs trägt, verkaufe ich ’undert T-Shirts mehr. Tausend!«

Audigier lachte. Audigier ist ein glücklicher Mann. Selbst zur Prominenz gewandelt, feierte er seinen Fünfzigsten im Sommer 2008 mit Hunderten seiner engsten Freunde, zu den Gratulanten zählte kein Geringerer als Michael Jackson. (Okay, höchstwahrscheinlich hatte das Geburtstagskind für den Gastauftritt gelöhnt – aber wer kann das schon?) »Ich liebe Kalifornien!«, rief er, denn hier fände er seine Inspiration »auf der Straße, wo all die junge Mönschen 'erumlaufen wie es ihnen gefällt. Das ist L. A.: *no rules*, keine Gösetze. Ich umgebe mich immer mit jungen Leuten, das bringt Energie.« Er saugte noch mal an der Ssssiiigarrääääätttt und knurrte, dem Rauch nachblickend: »Fuck the smoking laws!«, vielmehr: »*Föööck them!*«

Er drückte mir zum Abschied ein T-Shirt in die Hand. Schwarz, mit einer tätowierten Rose darauf und einem goldenen Anker. Madonna, versicherte er mir, habe das gleiche.

Es war weich wie ein Welpenfell, als ich es tags drauf anzog, und ich dachte an 'eidi und Madonna und fühlte mich sexy.

»Wahrscheinlich ist es chemisch stark belastet«, warnte Lori, die vegane Hunde-Ausführerin, die ich im Canyon traf. Sie blickte kritisch auf die Rose, als wäre die unter Schmerzen frisch gepflückt. »Konventionell angebaute Baumwolle kann schwere Allergien auslösen.«

»Ach«, sagte ich.

»Ganz zu schweigen von den Auswirkungen der Pestizidbelastung auf den Böden. Aus Unwissenheit versprühen Baumwollfarmer in Drittweltländern Agrochemikalien in rauen Mengen. Die Bauern werden krank davon, die Schädlinge resistent. Wo wurde die Baumwolle denn hergestellt?«

Es war ein wunderbarer Morgen. Die Sonne vertrieb gerade den Nebel, der in dekorativen Fetzen zwischen den Hügeln hing. Vögel zwitscherten, zwei Habichte zogen träge Kreise im wolkenlosen Himmel. Mein Hund hatte ein Kaninchen die Böschung hinuntergejagt, hochbeglückt tauchte er aus den Büschen wieder auf. In der Ferne glitzerte das Meer.

»Kannst du eigentlich surfen?«, fragte ich.

Lori sah mich streng von der Seite an. Ich wusste, was sie dachte. Und wahrscheinlich hatte sie Recht.

Ich war Gidget.

Tom muss bezahlt werden, und ich habe kein Bargeld im Haus. Wir fahren zum kleinen Einkaufszentrum nahe dem Mulholland Drive: ein Karree bestehend aus Supermarkt, Videothek, Postamt, einem Sandwich-Laden, in dem der »Beach Boy« Bryan Wilson gern frühstücken geht, und einem italienischen Restaurant, in dem Warren Beatty einst Annette Bening den Heiratsantrag machte. Wenn man im unvermeidlichen Starbucks-Coffeeshop den Gesprächen am Nebentisch lauscht, fallen gern Namen wie »Dustin«, »Bobby« oder »Marty«. Manchmal sind die Haustiere der »Latte«-Trinker gemeint. Meistens aber Mr. Hoffman, Mr. De Niro und Mr. Scorsese.

Heute ist erstaunlich viel Betrieb, große Fernsehübertragungswagen blockieren die Parkplätze vor der Bankfiliale.

Ich tippe meine Nummer in den Geldautomaten. Als ich mich umdrehe, sehe ich Tom im Gespräch mit einer Blondine.

»Es ist eine Razzia«, teilt er mir das Ergebnis seiner Recherche mit. »Das Zoogeschäft musste vorübergehend schließen, weil eine Tierschutzorganisation herausgefunden hat, dass ihre Hunde aus Welpenmühlen stammen. Das ist Tierquälerei.«

Tatsächlich sieht man durch die Schaufenster der Zoohandlung – dort, wo normalerweise in Kinderbettchen Hundebabys spielen – aufgebrachte Menschen Interviews geben. Die Blondine, mit der Tom sprach, späht durch die Tür.

Ich warte, bis aus dem Schlitz die Geldscheine quellen. Als ich mich nach Tom umdrehe, spricht er mit einem anderen jungen Mädchen.

»Aus Deutschland!«, sagt sie gerade beeindruckt und reißt die Augen auf, und selbst auf die Entfernung kann ich darin die Frage lesen: Ist das ferner als Alaska?

Tom schlendert wieder zu mir zurück. »Britney hat dort einen Hund gekauft.«

»Sagt Miss Alaska?«

»Wieso nennst du sie Miss Alaska?«

»Vergiss es. Was ist mit Deutschland?«

»Du bist eine Reporterin aus Deutschland, das hab ich ihr erzählt. Und Paris Hilton hat dort auch einen Hund gekauft.«

Eine junge Beauty im Minirock schiebt sich an uns heran. Zwei weitere warten hinter einem der Trucks, sie überprüfen ihr Make-up, dann huschen die Blicke vom Zoogeschäft zu uns. »Verzeihung, sind Sie auch vom Fernsehen?«

»Was wisst ihr denn?«, fragt Tom jovial.

»Ich arbeite gleich nebenan in der Boutique. Ich kann gut Auskunft geben über die Tierhandlung. Ich kenne den Besitzer.«

»Tatsächlich«, sagt Tom angetan.

»Ist das für die Abendnachrichten?«

»Nein«, knurre ich. Ich will zum Auto zurück, aber Tom genießt seine Rolle als Medienheld. Aus den Augenwinkeln sehe ich eine Kellnerin aus dem Sandwich-Laden auf das Zoogeschäft zueilen. Sie bemerkt die geschlossene Tür, blickt suchend umher – und strebt auf uns zu, die wir zwischen den Übertragungswagen stehen. Tom strafft sich. Auch sie ist bildhübsch.

»Machen Sie Interviews?«, will sie wissen. Die Boutique-Verkäuferin runzelt die Stirn. Die zwei Mädchen hinter den Lastern kräuseln die geschminkten Lippen. »Fragen Sie mich!«, ruft die Kellnerin und wirft Tom ein Lächeln zu, dass seine Fussellocken beim Aufprall vibrieren. »Ich habe Britney bedient! Wo ist die Kamera?«

Tom ist verzückt, er öffnet den Mund und möchte etwas Schönes lügen, aber ich fahre ihm in die Parade. »Print«, sage ich grimmig.

In allen vier Gesichtern geht ein Licht aus. »Sie meinen: Zeitung und so?«, sagt die Boutique-Verkäuferin noch gedehnt. Die Kellnerin hat sich schon umgedreht.

»Es geht bergab mit diesem Land«, sagt Tom später im Auto verbittert. »Amerikas Jugend ist nur an der Wahrheitsfindung und der Beseitigung von Missständen interessiert, wenn sie dabei gefilmt wird. Diese Oberflächlichkeit! Dieser Narzissmus! Wir wollten ein Verbrechen aufklären. Wir wollten Licht in das dunkle Geschäft mit den Welpenbäckereien bringen. Aber nein, Amerikas Jugend träumt von einem Fernsehauftritt!«

»Welpenmühlen, Tom. Welpenmühlen.«

»Meine ich doch.« Er schaut betrübt aus dem Fenster. Und dann, nach einer Pause: »Hätten wir nicht wenigstens ihre Namen und Telefonnummern herausfinden können?«

HIGH-NOON IN VEGAS

Es ging auf Mitternacht zu, und der schemelharte Männerhintern war nur noch zehn Zentimeter von meiner Nase entfernt. Er zuckte vor und zurück zum stampfenden Rhythmus der Musik und zum rhythmischen Kreischen des Publikums, und ich fürchtete, wenn ich mich auch nur einen Millimeter bewegte, würde mir der Stringtanga zwischen die Kiefer fahren wie Zahnseide. »Du hast vielleicht ein Glück!«, brüllte meine Nachbarin Beverly in mein Ohr, die sich im Pulk mit bestimmt zehn anderen Frauen an meinen Tisch drängte, auf dessen Platte der Mann im Superduperminislip theatralisch in die Luft kopulierte. Weshalb er sich, unter etwa einem Dutzend Tischen im Saal, ausgerechnet meinen ausgesucht hatte für seinen Solo-Auftritt, ich konnte es nur ahnen: weil ihm unter rund hundert singenden, brüllenden, ausgelassenen Zuschauerinnen wohl genau diese eine aufgefallen war, die etwa so begeistert schaute, als wanderte in ihrer Leibesmitte gerade ein Nierenstein.

Jawohl: Ich befand mich in einer Striptease-Show für Frauen, und Rick, der australische Beau mit Backenmuskeln aus Stahl und so makellosem Six-Pack-Bauch, als kauerten Hamster unter der prallen Haut, Rick also schien der Ansicht, ich müsste animiert werden. Ich müsste »Fun« haben. Ich müsste so laut kreischen wie die anderen Zuschauerinnen im Raum, sonst wäre der Abend ein verlorener. Und wenn es etwas gibt, das in Las Vegas als Sünde gilt, dann dies: sich nicht zu amüsieren.

Ich war mit vier aufgekratzten, mir größtenteils unbekannten Frauen für ein Wochenende nach »Sin City« gefahren, weil die Damen – nach Besuch der Strip-Show vielleicht eine unpassende Bezeichnung – einen Ausfall zu beklagen hatten, eine Freun-

Circus

din musste überraschend ins Krankenhaus, und die Hotelzimmer und Show-Tickets waren alle schon im Voraus bezahlt. (»Doch nichts Schlimmes?«, fragte ich besorgt, aber Beverly rollte nur die Augen, »was mit ihren falschen Titten«.) Und so kam es, dass wir fünf »Ladys«, wie wir fortan von allen Kellnern und Verkäufern genannt wurden, an einem Freitagmittag in Beverlys Mini-Van nach Nevada kurvten, kurz vor Las Vegas in ein Outlet-Center einfielen und Hausrat kauften, den keine von uns brauchte, um dann am Abend im »Caesar's Palace« zu landen. Es war so unglaublich heiß, dass wir direkt aus dem klimatisierten Inneren des Wagens in die gekühlte Klimper-Höhle des Casinos flüchteten und für die nächsten achtundvierzig Stunden nicht mehr herauskamen. Genau, wie es sein sollte.

»Spielerparadies« nennen sie die Stadt in der Wüste gern, aber genau genommen ist sie ein Gefängnis. Ein glitzernder Knast voller Pokertische und Luxusrestaurants, in dem erlaubt ist, was anderswo verboten wird, und in dem jedes Detail seiner exaltierten Architektur – Eiffelturm, Pharaonengräber, Gondelkanäle und Löwengehege – dem Betrachter urbane Vollständigkeit vorgaukelt: Was willst du denn woanders hin, hier hast du doch alles. Wer einmal eintaucht in die beständige Nacht der Casinos, soll und braucht so schnell nicht wieder ins wirkliche Leben zurück. Denn »Sin City« ist, anders als der »sündige« Beiname nahelegt, kein gesetzloser, triebhafter Dschungel, sondern eine sorgfältig geplante, reibungslos funktionierende Geldumverteilungsstelle; schließlich waren es Vertreter des sogenannten »organisierten« Verbrechens, die Las Vegas groß gemacht haben. Wegen des Zockens kommt heute nur noch ein Bruchteil der Touristen, die meisten der vielen Milliarden Dollar, die sie pro Jahr in Amerikas Boomtown lassen, geben sie für Hotels und Essen aus, für Shopping und Vergnügen. Also für Leute wie Rick.

»Er war so nah, du hättest ihn in den Hintern kneifen können!«, rief eine der Ladys kichernd, als wir nach der Strip-Show das Theater verließen. Was klingt, als wären wir auf die Straße getreten – »Strip« genannt, die Neon-blinkende Hauptschlagader der Stadt. Aber in Wahrheit fuhren wir natürlich mit dem Aufzug in ein anderes Stockwerk, wo wir über eine Passage in ein anderes Casino gelangten. Draußen, in der nächtlichen Wüste jenseits des »Strip«, hätte ein Ufo von der Größe des Ulrich-Haberland-Stadions landen können, wir hätten es gar nicht mitbekommen (und Augenzeugen es für ein interessantes, aber leider verdammt abgelegenes Casino gehalten).

Der Hintern war so nah, ich hätte ihn sogar *beißen* können, wollte ich erwidern, aber in dem Moment gesellten sich mit höflichem Nicken (»Good evening, ladys«) zwei junge Männer zu uns, und einer von beiden war Rick. Voll bekleidet, fast hätten wir ihn nicht erkannt.

»Ach, Feierabend?«, sagte Beverly.

Die beiden grinsten. Es waren hübsche Jungs mit sonnenstudiogebräunter Haut und sorgfältigen Highlights in den Schöpfen. »Wir gehen jetzt erst mal einen trinken. Zwei Vorstellungen pro Abend, das ist ganz schön anstrengend«, sagte Rick.

»Dafür ist Ihr Beruf«, sagte artig eine der Ladys, »bestimmt sehr abwechslungsreich.«

Beverly stieß einen Grunzlaut aus, den ich nur als unterdrücktes Lachen deuten konnte. Ihre drei Freundinnen warfen ihr einen irritierten Blick zu.

»Wir kommen viel rum«, antwortete der eine. Der andere: »Ich verdiene mir so mein Studium.«

Die Ladys machten runde Augen, einzig Beverly schaute skeptisch. Ich konnte mir nicht verkneifen zu fragen, ob die Zuschauerinnen sich in Las Vegas anders benähmen als in anderen Städten.

»Sie sind wilder!«, entfuhr es Rick. Der Kollege lachte. »Hemmungsloser! Sie grabschen mehr. Hier wird mir jeden Abend auf den Arsch geklatscht. Pardon. Ich meine auf den ... äh ... schon klar. Wenn wir durch kleinere Städte touren, sind die Ladys viel zurückhaltender. Aber das ist eben Vegas. Niemand kommt hierher, um sich zurückzuhalten – nicht wahr, Ladys?«

Wir alle fünf zwitscherten wie die Haubenlerchen, dann stiegen die Boys aus, und als sich die Lifttüren hinter ihnen schlossen, befanden wir drei zu zwei, dass sie schwul waren und es sich bei dem »Studium« allerhöchstens um einen Abendkursus in bildender ... äh ... schon klar handeln konnte. Eine der Ladys wies darauf hin, dass sie ihre geografische Nähe zur Schwulengemeinde von Santa Monica für den Anblick nackter Männerbrüste ziemlich abgestumpft habe. (»Dafür hast du aber ganz schön gefiept«, brummte Beverly, darauf sie: »Das war in Erwartung von mehr, ich dachte, wir sehen den ›Full Monty‹!«) Eine andere legte Wert auf die Feststellung, dass die »erotischen Tänze« der Herren auf der Bühne nahezu identisch waren mit dem Bauch-Beine-Po-Programm ihrer Aerobic-Klasse. Überhaupt bemängelten wir, kaum dass wir in der Hotelbar (»Good evening, ladys!«) dank eines exzellenten Sauvignon Blanc unser nüchternes Urteilsvermögen wiedererlangt hatten, dass die als gewagt, schlüpfrig, pikant und so weiter beschriebene Show sich hauptsächlich durch Harmlosigkeit auszeichnete. »Wie eine Schülertheatergruppe, die ›Deep Throat‹ aufführen möchte«, rief Beverly, »und dabei weder das Wort ›Sex‹ noch sonst etwas in den Mund nehmen darf!« Wir schenkten ihr großzügig nach.

Dass Las Vegas Sex verspricht, ist nicht neu. Glücksspiel und Sex gehören psychologisch irgendwie zusammen; wenn finanzielle Schranken fallen, folgen jedwede Hemmungen, so lautet die Theorie – wer bereit ist, sein Monatsgehalt zu riskieren, riskiert auch seine Ehe. Las Vegas verkörpert seit jeher Dekadenz, und je »anständiger« sich die Nation gebärdete, desto frivoler feierte man an jenem Ort, den der amerikanische Schriftsteller James Ellroy einmal ganz grob als »beschissen« beschimpft hat: »voller Gier und Prostitution und Frauenfeindlichkeit und Drogen und diesem wahnhaften Wunsch, schnell reich zu werden, was zum Schlimmsten in Amerika gehört!« Als in den Fünfzigern die westliche Welt im Moralmief erstickte, legten in Las Vegas langbeinige Girls in vom Volksmund »Tittie-Shows« genannten Darbietungen erstmals die Büstenhalter ab.

Eine dieser Revuen »nur für Erwachsene« habe ich einmal, als ich im Mai 2005 über den hundertsten Geburtstag der Stadt berichten sollte, besucht. Es ging ihnen der Ruf voraus, sie seien unglaublich provokant: die Tanzeinlagen extrem sexy, die Wortbeiträge – es treten zwischendurch Alleinunterhalter auf – extrem *shocking*. Ich war gespannt: Es wurden Programmheftchen verteilt wie im Stadttheater, das Publikum nahm artig Platz und hustete vor dem Ausgehen der Saalbeleuchtung sorgfältig ab, als gelte es, die Arie der sterbenden Mimi nicht zu zerräuspern. Zu Tonband-Fanfaren betrat ein Haufen Mädchen mit tadellos trainierten Körpern die Bühne und warf die Beine; in der ersten Nummer fielen am Ende – tata! – die Oberteile, ab dann trat ein gewisser Gewöhnungseffekt ein, und die Damen kamen gleich barbusig heraus. Offenbar schien ihnen dies als Unterhaltungselement zu rudimentär, und sie steigerten ihr Schauspiel mit dem Ehrgeiz vierzehnjähriger Olympia-Gymnastinnen zu einem akrobatischen Reigen von Spagaten und Flickflacks; ich glaubte gar einen Tsukahara mit Längsachsendrehungen zu erkennen und gab dreimal die Bestnote. Die Herrschaften neben mir zeigten sich weniger angetan und gähnten mitten in einem Überschlag seitwärts auf zehn Zentimeter hohen Hacken – was meinen Verdacht bestätigte, dass die Anstrengungen der Show-Girls nobel, aber entbehrlich waren für ein Bühnenwerk, dessen zentrales Anliegen aus dem Herzeigen primärer weiblicher Geschlechtsmerkmale bestand; so, als würde »Emmanuelle« vor einer Nummer mit dem Postboten erst mal über die Infrastrukturprobleme des regionalen Schienenverkehrs referieren.

Dann die Entertainer. Zu Recht unbekannte Stand-up-Comedians, deren Monologe unweigerlich auf die Nennung all jener Wörter hinausliefen, die in den Massenmedien normalerweise schamhaft überpiept werden: »Scheiße!«, begannen sie ihre Reden leutselig, warfen lässig ein paar »Arschlöcher« ein und ergingen sich dann, selig wie Fünfjährige, im Ausrufen des schlimmen F-Worts. (Ich dachte den ganzen Abend an einen Rechtsstreit, der sich irgendwo im platten Amerika abgespielt hatte: Ein Mann reparierte seine kaputte Toilette und fluchte dabei fortwährend vor sich hin. Sein Badezimmerfenster stand auf, seine Nachbarin konnte ihn hören und verklagte ihn, weil ihr unschuldiges Baby seinen Verwünschungen ausgesetzt war. Für solche Mütter wäre dies der perfekte Abend: eine Dusche in Obszönitäten, das stählt, wenn die unschuldigen Babys in die Pubertät kommen.)

Kein Zweifel, die Stadt hat etwas Kathartisches. Das liegt an ihrem Anderssein, ihrer geografischen wie sozialen Isoliertheit. Gegründet als Eisenbahnersiedlung im staubigen Nichts auf halbem Wege von Salt Lake City nach L.A., war dort rasch eine taffe Zocker-Kultur erblüht: Die rauen Westerner ließen sich von niemandem etwas vorschreiben. Ihre Spielhallen und Pokerspelunken – verraucht, eng, schmucklos, schmutzig, kein Vergleich zu den Palazzi Protzi, in denen beispielsweise George Clooney in der »Ocean«-Trilogie herumtigert – entwickelten sich zu Oasen für Spiel- und Vergnügungssüchtige. Deren Heimatorte blieben »rein«, alles Verworfene, Verbannte und Verdammte fand in der einsamen Hochebene der Sierra Nevada statt. Anfang der vierziger Jahre reiste der New Yorker Gangster Ben »Bugsy« Siegel nach L. A., um die Mafia an der Westküste zu organisieren. Er fühlte sich magisch angezogen von der Glamourwelt in Hollywood einerseits und vom Spieler-Milieu in Las Vegas andererseits, und die Legende will es, dass er eines Tages, beim Pinkel-Stopp in der Wüste, auf die Idee kam, an genau jenem Highway ein Casino zu eröffnen. Und zwar eines, das seine Schauspieler-Bekanntschaften gutheißen würden: etwas Elegantes, Teures, etwas mit Klasse; er gab der Schlampe Las Vegas sozusagen ihr erstes *extreme make-over*. In seinem »Flamingo« trugen die Croupiers Smoking, Gäste wurden zu Anzug und Krawatte angehalten, und hübsche Mädchen servierten Erfrischungsgetränke am Einarmigen Banditen.

Die Verbindung Hollywood-Las Vegas ist seitdem nie wieder abgerissen. Jack Nicholson fliegt gern zum Flirten ein, Ben Affleck zum Pokern, Cameron Diaz kam mal zum Kegeln. Britney Spears hat in Vegas bekanntlich geheiratet, und ihre Sangeskolleginnen Celine Dion, Cher und Bette Midler traten und treten jeden Abend vor vollen Sälen auf. Die Klatschsendungen im Fernsehen halten sich Korrespondenten vor Ort, die über Party-Nächte mit Hollywood-Beteiligung berichten. Als ich mit Beverly und ihren drei Freundinnen unterwegs war, behauptete am zweiten Abend – wir hatten uns gerade eine Show der kanadischen Artistentruppe »Cirque du Soleil« angesehen – eine der Ladys, sie habe George Clooney soeben in einen Nachtclub verschwinden sehen. Das war durchaus glaubhaft: Etwa zu jener Zeit geisterte die Nachricht durch die Medien, dass Vegas-Fan Clooney selbst ein Casino eröffnen wollte (wovon er inzwischen wieder Abstand genommen hat; seine Ambitionen schienen sich auf die wohlpublizierte Liaison mit einer Kellnerin aus Las Vegas zu beschränken).

Nach intensiver Gruppendiskussion (»Bist du sicher? Du hast auch behauptet, dass Tom Cruise beim ›Cirque du Soleil‹ war!« – »War er doch auch!« – »Aber nicht heute Abend. Der, den du uns gezeigt hast, war ein zwölfjähriger Schüler mit Zahnspange.« – »Von *vorne.* Aber von hinten sah er aus wie Tom Cruise!« – »Nur größer.« – »Ich dachte, er trägt Einlagen.«) beschlossen wir drei zu zwei, uns in die Warteschlange hinter der roten Kordel am Bar-Eingang zu reihen und George Clooney zu folgen, der offensichtlich nicht an der Kordel warten musste. Es war Samstagabend, wir sahen uns umringt von schnatternden Zwanzigjährigen in Miniröcken; Beverly meinte düster, wir sollten uns lieber für das Konzert von Elton John anstellen »oder für Elvis – alles hat mehr Erfolgsaussichten als das«.

Als ich Anfang der neunziger Jahre als Urlauberin einmal nach Las Vegas kam, verwandelten sich die Casinos am »Strip« bereits deutlich vor Mitternacht in monströse Friedhöfe, vereinzeltes Bimmeln von Spielautomaten ging unter im Brummen der Staubsauger. Tagsüber auf den Straßen nichts als Familien mit Kleinkindern. Ganze Sippschaften aus Idaho und Arkansas wälzten sich an den Piratenschiffen von »Treasure Island« und den weißen Tigern im »Mirage« vorbei, die Daddys mit Gürteltaschen um die Wampe, die Mütter mit Säuglingen im Arm, der Rest der Brut mit Eistüten und Teddybären bewaffnet. Damals war Las Vegas Disneyland: Irgendwo im alten Stadtkern, wohin kaum ein Tourist sich je verirrte, hingen bleiche Zocker im Mief verrauchter Daddelhallen, in den großen Spielpalästen aber buhlten die Betreiber um die Gunst jener Massen, die »E.T.« und McDonalds zu den Grundfesten amerikanischer Kultur erklärt hatten. Und die eine tiefe Verachtung empfanden für das Las Vegas ihrer Eltern: diese gigantische, Neon-blinkende Minigolfanlage, in der abgehalfterte Entertainmentgrößen ihre Schwanengesänge gaben; man dachte an Elvis Presley im weißen Strampelanzug, das war tragisch, das war lächerlich, das war typisch Las Vegas.

Doch, wie gesagt, seit Anfang des neuen Jahrtausends besinnt sich die Stadt wieder auf ihre Stärke: das Laster. Eine Werbeagentur dachte sich den Slogan dafür aus: »Was in Vegas passiert, bleibt in Vegas«, zwinker, zwinker. Im Fernsehen laufen Werbespots, die ganz offen zu Seitensprüngen in den Luxus-Mega-Resorts aufrufen. Und der Erfinder jenes Slogans meinte in einem Interview, dass selbst wer Las Vegas nicht möge, es doch »brauche«: als jenen unheiligen Ort eben, an dem man die Sau rauslassen kann. Ich habe in einer eher rustikalen Bar abseits der Glitzerstrecke einmal einer Runde Schlammcatchen beigewohnt: Da reisten also aus der ganzen Nation, gar der ganzen Welt (aber Letzterer verschloss sich der Charme der Veranstaltung) erwachsene Frauen an, die unter dem Gejohle ihrer Begleiter mit anderen erwachsenen Frauen in einem etwa zwei mal zwei Meter großen Becken rangen, das mit öligem Schlamm gefüllt war. Sie trugen dabei Bikinis, die von den Veranstaltern gestellt wurden. Binnen Sekunden waren die Teilnehmerinnen von Kopf bis Fuß mit Glitsch bedeckt und flutschten in ihrer Arena herum wie nasse Seifen auf Speed. Rein vergnügungstechnisch befand sich das etwa auf dem Niveau der »Tittie-Shows«, nur natürlich ohne Tsukaharas – jedenfalls beabsichtigten. Ich fragte im Anschluss eine der Kämpferinnen, was besonders schön gewesen sei, und sie erwiderte ohne zu zögern: »Die Dusche danach.«

In manchen Hotel-Pools wird Baden »European Style« angeboten, und ich dachte eine Schrecksekunde lang, damit wäre schweinekaltes Wasser gemeint. Aber nein, diese neue Blüte der Las-Vegas-Spaßkultur entpuppte sich als: Oben-ohne-Schwimmen. Oh, köstliche Verwerfung! Auf der Straße darf ganz offen Alkohol getrunken und überall darf geraucht werden (für Ersteres bekommt man in den meisten Staaten einen Strafzettel, für Letzteres wird man erschossen). Ganze Busladungen Touristen strömen, seit sie im Kinofilm »Showgirls« gelernt haben, was das ist, zu Clubs, in denen *lap dances* angeboten werden: Dabei schubbert eine kaum bekleidete Tänzerin auf dem Schoß ihres voll bekleideten Kunden herum, der sie nicht anfassen darf und um die zwanzig Dollar für diese Erfahrung löhnt. Auf dem »Strip« stecken einem schweigsame Immigranten Kärtchen zu, auf denen für Hostessendienste und Bordelle außerhalb der Stadtgrenzen geworben wird; innerhalb derer ist Prostitution verboten, aber wen schert's.

»Das sind doch alles Professionelle«, sagte eine der Ladys missmutig, als wir es endlich in den Nachtclub geschafft hatten und auf einem niedrigen Sofa saßen, aus dem Beverly, wie sie ankündigte, ohne Hilfe der örtlichen Feuerwehr nie würde wieder aufstehen können. An der Bar drängelten sich bestimmt zwei Dutzend junge Mädchen in gewagten Outfits. Die Musik war ohrenbetäubend und das Licht immerhin so diffus, dass wir nicht schon auf den ersten Blick wie deren Mütter aussahen.

»Ich sehe ihn nicht«, nörgelte Beverly. »Wo ist George Clooney?«

»Nun lass doch den blöden George Clooney«, sagte eine der Ladys schließlich. »Wir sollten spielen gehen!«

Man vergisst im »neuen« Las Vegas mit seinen Spitzenrestaurants und Edelboutiquen und Mega-Shows leicht, dass es das nervenzerfetzende Bing-bing-bing der Spielhallen ist, dem die Stadt ihren Aufstieg verdankt. Früher haben Touristen vier Stunden pro Tag an Automaten und Roulette-Tischen verbracht, heute sind es nur noch zwei. Wir versuchten uns immerhin dreißig Minuten lang am Tisch eines blasiert guckenden Blackjack-Dealers. Wir verloren ein übersichtliches Sümmchen.

Mit uns saßen zwei Herren aus Montana, die sich als Besucher einer internationalen Fachmesse für Schuhe und Accessoires vorstellten; irgendwo findet in Las Vegas immer gerade eine Konferenz oder eine Betriebsfeier oder eine Mister-Universum-Wahl statt. Sie hätten den ganzen Tag in der riesigen Messehalle zugebracht, klagten sie. Nun wollten sie einfach mal ihr Glück versuchen.

In der gesamten Zeit, die wir am Tisch zubrachten, verloren sie jedes einzelne Spiel. Mitleidig ließen wir sie schließlich sitzen.

»Morgen haben wir viel vor«, sagte eine der Ladys gähnend, als wir später im Aufzug nach oben fuhren in unsere Zimmer. Wir wohnten angeblich im 28. Stock, aber das war ein typischer Las-Vegas-Bluff: Tatsächlich war es der achte, der Lift begann erst bei zwanzig zu zählen. Das liegt einerseits am hier verbreiteten Größenwahn: Alles muss supergroß und superhoch und Superlativ sein. Und andererseits wird auf diese Weise die Dreizehn vermieden. Die Spielerstadt ist abergläubisch – bevölkert von Menschen, die an Omen und Maskottchen und die dunkle Magie von querenden Katzen und Primzahlen glauben. »Wir müssen uns noch so viele andere Casinos ansehen.« Sie klang ein wenig schuldbewusst, so als wäre sie nach Europa gereist und einen ganzen Tag im Münchner Hofbräuhaus hängen geblieben, statt in der Zeit die Akropolis und den schiefen Turm von Pisa zu besichtigen.

Wir pilgerten tags drauf vom Frühstücks-Buffet im »Bellagio« (bestaunten die falschen Schmetterlinge in der Lobby) zu einem leichten Lunch im »Venetian« (bestaunten den falschen Canal Grande). Einmal mussten wir tatsächlich raus ans Tageslicht; die Sonne hämmerte uns platt auf den Asphalt. Eine der Ladys wollte ein Foto von uns machen, aber im Hintergrund erhob sich ein Kran – das »Wynn«-Casino befand sich noch im Bau –, und sie befand, davor sähe der Eiffelturm nicht echt aus. In den »Forum«-Hallen des »Caesar's Palace«, Amerikas umsatzstärkster Einkaufspassage, sah ich plötzlich einen echten Star.

Er war wie immer sehr blond und trug eine sehr dunkle Sonnenbrille und studierte aufmerksam die am Eingang aufgehängte Speisekarte eines italienischen Restaurants. Neben ihm stand seine sehr blonde Ehefrau.

»Das ist ein berühmter Deutscher!«, stieß ich zwischen den Zähnen hervor, als könnte er mich durch das Scheppern der Daddelautomaten hören.

»Wo?«, rief Beverly und reckte sich. »Wer? Boris Becker? Helmut Kohl? Bruno Ganz?«

»Bruno Ganz?«, wiederholte ich irritiert. »Der ist Schweizer. Er hat Adolf Hitler nur gespielt … egal: Das ist ein bekannter deutscher Sänger. Was er hier bloß macht? Wenn ich das meiner Mutter erzähle!«

»Wie heißt er?«, fragte eine der Ladys, Interesse heuchelnd, während sie die Schaufenster scannte.

»Heino«, flüsterte ich.

»*High Noon*?«, wiederholte sie kopfschüttelnd. »Ist er ein Rapper?«

Als wir gegen Abend aufbrachen nach L. A., blinkten zu den Bergen hin Lichter der Wohngebiete, die Jahr für Jahr um Las Vegas wachsen wie Zwiebelringe. In ihrer Mitte Amerikas elektrische Fata Morgana, laut und falsch und verführerisch.

»Schade, das mit George Clooney«, gähnte Beverly hinter dem Steuer.

»Dafür haben wir *High Noon* gesehen«, meinte eine der Ladys versöhnlich neben mir im dunklen Fond. Wir drehten die Köpfe nach dem Scheinwerfer – angeblich der hellste der Welt –, der aus der Spitze der »Luxor«-Pyramide in den Himmel über der Wüste strahlte. Millionen Insekten verglühen in ihm pro Nacht. Aber vielleicht ist das ein Traum von ihnen. Nach Las Vegas kommen und sich gehen lassen, endgültig.

Phil ruft an. »Du bist in Las Vegas«, sagt er belustigt.

»Stell dir vor«, gebe ich ein wenig ungehalten zurück. Wir sind auf dem Weg zur »Cirque du Soleil«-Show, und Beverly schaut neugierig, mit wem ich telefoniere.

»Stell dir vor«, sagt er, »ich auch.«

Er erzählt, dass er für eine Kindermöbel-Messe Kulissen baut. Er wohne im »Sahara«, einem eher schlichten Casino. Vor wenigen Minuten sei er aufgestanden vom Poker-Tisch. Er habe siebenhundert Dollar verloren. Er würde mich gern auf einen Drink einladen, aber er sei pleite.

»Phil«, sage ich konsterniert, »rufst du mich etwa an, weil du dir Geld pumpen willst?«

Er lacht. »Wer ist Phil?«, fragt Beverly.

»Wenn ich fünfzig Dollar hätte, könnte ich sie verdoppeln, dann könnten wir später einen Drink nehmen in deinem sicher eleganten Hotel.«

»Wieso bist du so sicher, dass du gewinnen würdest?«

»Weil ich bislang verloren habe.«

»Das ist Spieler-Philosophie, Phil. Das ist Unsinn.«

Er lacht wieder. Wahrscheinlich ist er betrunken. Wir stehen am Eingang des Theaters, alle kramen die Tickets hervor. Die Blicke der vier Ladys ruhen auf mir.

»Na, komm schon«, sagt er.

»Komm schon was?!«, wiederhole ich gereizt.

Er wartet. Dann legt er auf. Vielleicht ist auch die Verbindung abgerissen. Ich stopfe das Handy in meine Tasche und zerre die Eintrittskarte heraus. »Das war der Typ, der meine Veranda gebaut hat«, sage ich zu Beverly.

»Der Hübsche«, erwidert sie aufmerksam. Dann grinst sie und sagt es wieder, als meinte sie es ernst: »Na, du hast vielleicht Glück.«

EINMAL IM LEBEN

June hatte so viel abgenommen, man musste sich Sorgen machen. Sie war eine ohnehin zierliche Japanerin, die täglich im Canyon ihre beiden weißen Terrier ausführte; die saubersten Hunde der Stadt, June wusch sie zweimal die Woche in einem eigens angefertigten Badebecken und trug dabei eine bodenlange Gummischürze, die sie in Tokio hatte maßschneidern lassen – Einbrecher würden zweifelsohne davon ausgehen, dass in ihrem Haushalt komplexe japanische Sexrituale zelebriert wurden. June hatte den Körper einer hyperaktiven Zehnjährigen, dünne Beine, spitze Knie, keine Hüften. Aber nun war auch ihr Minibusen verschwunden, und ich fragte vorsichtig, ob es ihr gut gehe.

»Aber ja! Ich bin so glücklich!«, brach es aus ihr heraus. Und sie hatte den exakt gleichen Gesichtsausdruck, wie wenn ihre schneeweißen Hunde in Schlammpfützen rollten. »Meine Tochter heiratet!«

»Wie schön«, sagte ich aufmunternd, weil mir sofort all die hübschen Partys aus Hollywood-Spielfilmen einfielen: Blumen streuende Kinder und schluchzende Mütter und turmhohe Sahnetorten, Glück allüberall.

June gab einen Laut von sich, als schlüge ihr jemand eine Eisenstange gegen's Schienbein. »Ja, nicht wahr«, presste sie hervor. »Ich bin so glücklich.« Und dann schwieg sie und stapfte neben mir, ihre Kinderfüße in den Pfad stechend, als wäre der an ihrer schlechten Laune schuld.

Ihre Tochter, eine bildschöne achtundzwanzigjährige Anwältin, plante, ihren langjährigen Freund zu ehelichen, dito Anwalt, mit dem sie schon eine geraume Weile Wohnung und Hund teilte. Was konnte das Problem sein? Weil June so unan-

genehm schwieg, fing ich an zu schwadronieren, wie viele Hochzeiten ich schon erlebt hätte in meinem Leben. Wie schön und harmonisch sie gelaufen wären! In meiner Heimat, plapperte ich, funktionierten sie alle im Prinzip so: Er fragt sie oder sie fragt ihn oder man einigt sich in der Mitte. Dann wird ein Datum festgesetzt und eine Lokalität ausgesucht und Bier bestellt und Rambazamba. Die Eltern weinen ein bisschen, die Freunde betrinken sich, am Abend vorher wird unter Umständen gepoltert, am Morgen danach gibt's ein Katerfrühstück, Glück allüberall.

June lauschte stumm, dann fragte sie: »Und wer bezahlt das alles?«

»Meistens die Veranstalter – also das Hochzeitspaar.«

Darauf sie, bitter: »Ach. Und warum weinen dann die Eltern?«

Denn in Amerika läuft das natürlich ganz anders. Da löhnen traditionell die Eltern der Braut. Vermutlich rührt das noch aus den Zeiten her, da minderjährige Mädchen an ganz junge Burschen verheiratet wurden und der just gegründete Haushalt über keinerlei Ressourcen verfügte. Junes Tochter hatte die Eltern über Jahre mit den Kosten für ihr Jura-Studium angezapft, nun folgte der finale Aderlass. Dass sie selbst mittlerweile über ein Einkommen verfügte, war dabei egal: Die Tochter heiratet, die Eltern verarmen, so ist es nun mal Sitte.

»Eine kleine, romantische Familienfeier?«, fragte ich zart.

June wieherte wie Flicka beim Anblick einer Klapperschlange. »Allein auf der Liste des Bräutigams stehen sechzig Gäste. Wir werden weit über hundert sein. Hundert hungrige Mäuler! Ich wünschte, meine Tochter wäre nicht so ein verdammtes Familientier, sondern würde einfach durchbrennen und in Las Vegas heiraten. In so einer *drive-through*-Kapelle«, sie klang jetzt sehr eifrig, als hätte sie den Gedanken schon viele Male gehegt und gepflegt, »wo die beiden vorne reinfahren, am Schalter erklärt sie ein Pfarrer für Mann und Frau, und hinten fahren sie wieder raus, danke und bye-bye.«

Ich hatte in Las Vegas einmal einen Nachmittag in einer Hochzeitskapelle am äußersten Ende des »Strip« verbracht. Es war ein guter Tag zum Heiraten, irgendein männerfreundliches Datum wie der sechste Juni oder der achte August, und vor dem putzigen weißen Häuschen mit den Rüschengardinen stauten sich die Hochzeitsgesellschaften. Meist bestanden sie nur aus dem künftigen Ehepaar; Trauzeugen wurden von der Kapelle gestellt. Die Männer rauchten, die Frauen zuppelten an ihren brandneuen Blusen. Eine Familie war eigens aus Colorado angereist, sie wünschten sich eine »mittelalterliche« Zeremonie: Die Braut war angezogen wie Rapunzel mit hochgeschnürtem Mieder und spitzem Burgfräulein-Hut, und der Bräutigam trug kurze Pluderhosen und Strumpfhosen und Schnallenschuhe, und als ich mit ihm plauderte, stellte ich fest, dass auch er Rapunzel war, nämlich eine Frau.

Nun sind Ehen zwischen gleichgeschlechtlichen Partnern nicht legal im Staat Nevada. Aber das hält die Stadt Las Vegas natürlich nicht davon ab, diese potenziell spendierfreudige Klientel zu umwerben und ihr zumindest den Ritus der Vermählung anzubieten – den Mendelssohn-Hochzeitsmarsch, einen jovialen Geistlichen und die Frage aller Fragen; dass deren Beantwortung rechtlich nicht bindend ist, kommt einigen womöglich zupass. Die anderen, die es wirklich ernst meinen, können sich seit Mitte des Jahres 2008 im benachbarten Kalifornien das Ja-Wort geben; allein in L. A. trauten sich in den ersten Monaten seit der Gesetzesänderung mehr homosexuelle Paare als in den ganzen vier Jahren, seit der Staat Massachusetts solche Ehen anerkennt (eine Entwicklung, die den Rest der Vereinigten Staaten nicht wirklich überraschte). Dem Rapunzel-Paar, obschon ernsthaft verliebt, lag jedoch mehr am Unterhaltungswert ihrer Ritter-Trauung plus anschließendem Gelage im »Excalibur«-Casino als an der Rechtslage; »in unseren Herzen«, sprach die eine Braut, »sind wir schon lange verheiratet«, worauf die andere sie in die Pluderhose kniff.

Im Zwanzig-Minuten-Takt wurde in jener Kapelle der Bund fürs Leben geschlossen; in manchen geht es schneller, in manchen dauert's länger, weil am Schluss ein Elvis-Presley-Doppelgänger singt. Ein Paar, das ich dort traf, war wie in Junes Fantasie nach Las Vegas gereist, um dem Rummel einer »richtigen« Hochzeit zu entgehen. Die Zukünftige war Inhaberin einer Tiefkühlkuchenbäckerei, Chefin von hundert Angestellten; das, was man eine gestandene Frau nennt. Auf die Frage, weshalb sie nicht zu Hause in Santa Fe heiratete, simulierte sie einen Ohnmachtsanfall und ächzte: »Eine Hochzeit feiern?! Mit Familie und Gästen und Buttercremetorten, ein Jahr vorher schon planen und sich verrückt machen und nichts als Stress? Nur über meine Leiche!«

Arme June. Je mehr ich über Hochzeiten in diesem Land erfuhr, desto besser verstand ich ihre Befürchtung, in einen Horrorfilm verwickelt zu werden. »Bridezillas« ist der entsprechende Titel einer Fernsehsendung, in der es um nichts anderes als die Hochzeitsvorbereitungen junger Amerikanerinnen geht – in Anspielung auf Godzilla scheinen diese *brides* wahre Monster, die ihre Verlobten und Familien und sämtliche Lieferanten und im entferntesten mit dem Festakt Involvierten in den Wahnsinn treiben mit ihrem Drang nach Perfektion. Der schönste Tag im Leben! Er wird für alle anderen zur Hölle. Die Sendung selbst ist unerträglich, es wird hauptsächlich gekreischt und gefeilscht, und jedes Mal, wenn ich ein paar Minuten reinschaute, stand der Bräutigam kurz davor, sich vor Scham oder Entsetzen über das wahre Gesicht seiner Angebeteten aus dem Staub zu machen. Die Aussicht auf den Ring, sie verwandelt diese durchaus intelligenten, umgänglichen und liebenswerten Mädchen in hysterische Biester, eigennützig und boshaft; so wie der Ring, der den netten Hobbit Frodo an den Rand der Finsternis treibt.

»Als ich den ›Herrn der Ringe‹ gesehen habe, musste ich an meine amerikanischen Freundinnen denken«, gestand ein deutscher Journalistenkollege, der acht Jahre in New York gelebt hatte und sich nach vielen »Dating«-Abenteuern in einem traumatisierten Zustand befand, wie man ihn bei Überlebenden aus den Schützengräben an der Somme festgestellt hatte. »Jedes Mal, wenn wir an Juweliergeschäften vorbeikamen, verlangsamten sie den Schritt«, erzählte er schaudernd. »Schau den schönen Ring, schau den schönen Ring ... Wie gern hätte ich den ... Sie bekamen andere Stimmen, sie erinnerten mich an das kleine Mädchen im ›Exorzisten‹, das vom Teufel besessen ist. Es hätte mich nicht gewundert, wenn sie Erbsensuppe gespuckt hätten ...« Er lachte hilflos. Einmal, erzählte er, sei er weich geworden, die schöne Liz, die wollte er nicht verlieren. Und er kaufte ihr einen Ring. Wohl wissend, dass er sich damit verlobt hatte. Nicht ahnend, dass sie ihm das Ding vor die Füße schmeißen würde.

»Er war nicht teuer genug«, klagte er. »Sie wusste genau, wie viel ich verdiente, das hatte sie gleich beim ersten Date erfragt. Für den Ring habe ich ein Monatsgehalt hingelegt. Nur eines! Sie war empört. Ich hätte mindestens drei Gehälter investieren müssen. Sie sagte, ich liebte sie nicht genug. Ich hab sie dann auch nicht mehr geliebt.«

Er lernte auf einer seiner Journalistenreisen eine Kubanerin kennen. Mit der lebt er heute in der Nähe von Stuttgart, glücklich verheiratet. Sicherheitshalber hat er ihr nie einen Verlobungsring geschenkt.

»Wieso bist du eigentlich nicht verheiratet?«, fragte Tom eines Nachmittags. Es klang misstrauisch, so als hätte er gerade in einer Schublade eine Handfeuerwaffe und meinen Steckbrief gefunden.

»Hat sich nicht ergeben«, sagte ich.

»Keiner hat dich gefragt?«, hakte er nach, immer noch argwöhnisch, dazu ein Spritzer Mitleid.

»Tom, du bist doch auch nicht verheiratet!«, erwiderte ich verärgert.

»Ich? Gott behüte!«, rief er. Er lachte auf und tänzelte zurück in den Garten, wo er die von Phil gebaute Terrasse dick mit Farbe bemalte. »Ich bin ein freier Geist! Ist der Kojote verheiratet? Wenn der Adler einen Ring trägt, ist es etwa ein Ehering? Ich käme niemals auf die Idee! Aber du. Du bist doch eine Frau.«

Heiraten ist in Amerika, Liebe hin oder her, in erster Linie ein Geschäft. hundertzwanzig Milliarden Dollar setzt die Industrie pro Jahr um – mit Hochzeitskleidern, Blumensträußen und Ringen, aber auch mit Hammondorgelspielern und den Vermietern von Heißluftballons, in denen abenteuerlustige Paare aufsteigen in den siebten Himmel. Den ganzen »Bridezilla«-Wahnsinn erlebte ich einmal auf einer »Bridal Show« in Redondo Beach, im Süden von L. A. Im großen Ballsaal eines Hotels waren dort rund zweihundert Aussteller versammelt – in den Augen erfahrener Messegänger eine »kleine« Veranstaltung –, welche die bunte Warenwelt rund ums Ja-Sagen repräsentierten. Es gab Hochzeitstorten zum Probieren, eine Modenschau mit Kleidern für die Dame in Weiß und ihre Jungfern, es gab Reiseprospekte für die Flitterwochen und jedes nur erdenkliche Service-Angebot für Bräute, um sie an ihrem schönsten Tag am besten aussehen zu lassen. Zähne, Haut, Haare, Nägel: Da wird gebleicht und getönt und poliert und geschuftet. Ein örtlicher Fitness-Trainer hatte die Idee, den jungen Damen ein Workout passend zu ihrem Brautkleid anzubieten. Schulterfrei? Dann mal her mit den Hanteln. Rückendekolleté? Rumpfbeugen, Rumpfbeugen. Seine Klientinnen, schwor er, würden auch nach der Trauung seinem Programm treu bleiben, warum sollten sie ihre schöne Figur ruinieren, nur weil sie jetzt verheiratet waren? Er sprach diese Sätze unbeirrt zu einer strammen Blondine, die noch an einem Crèmetortenpröbchen schleckte, und zu ihrer Mutter, die aussah, als hätte sie den Rest der Torte vertilgt.

Diese Messen – wie das gesamte Heiratsgeschäft – befinden sich in Frauenhand. Männer sah ich eher versprengt in der Menge, und wenn, dann an genau so einer Hand; sie trotteten mit vor Langeweile schmerzenden Gesichtern von Stand zu Stand und hofften auf mehr Kuchenschnittchen, während ihre Verlobten Serviettenmuster studierten und sich über die Blickdichte von Brautschleiern aufklären ließen. Jedes Mal, wenn ich an einem Aussteller vorbeikam, schnalzte er hinter seinem Tisch hervor und rief: »Braut oder Angehörige?« Einmal antwortete ich aus einer Laune heraus »Braut!«, und er schlug seine Zähne in mich und erzählte mir alles, was ich niemals wissen wollte, über Silberbesteck und seinen Familienbetrieb des Silberbesteckverleihs; wo der Bräutigam sei, erkundigte er sich, und ich erwiderte dumpf: »Im Irak«, worauf er respektvoll von mir abließ. Am Ende der Veranstaltung schleppte ich zweihundert Visitenkarten mit mir herum und acht Kilo Kreuzfahrtprospekte (»damit der Herr Verlobte mal was anderes sieht als Wüstensand!«).

Ein junges Paar fiel mir auf, das sich erstaunlich distanziert zwischen den schnatternden Bräuten und Müttern bewegte; die beiden warfen sich ab und an gar ironische Blicke zu, so als wollten sie eigentlich in eine Gerhard-Richter-Retrospektive, könnten sich aber nicht lösen von diesem putzigen Treiben. Ich fragte routiniert: Brautleute oder Angehörige, und sie lächelten wie mit einem Munde und hauchten: Brautleute.

»Wann ist es denn so weit?«, fragte ich, während es hinter den beiden glatten Stirnen arbeitete, welche Branche ich wohl vertrat.

»In einem halben Jahr«, sagte sie. Eine kleine, intime Hochzeit, nur fünfzig Gäste, im Haus und Garten der Eltern, Catering von Freunden. »Wir sind eher ... *sachlich*«, sprach sie zaghaft, als bekenne sie sich zu Voodoo und Hühnerblut. »Wir sind beide Ingenieure, wir wollen kein großes Tamtam. Es gerät alles so leicht außer Kontrolle.«

Und eigentlich wollten sie gar nicht. Aber die Familie, die Freunde, alle erwarteten es irgendwie. Also sank der sachliche Herr Ingenieur auf die Knie.

»Auf die Knie?«, wiederholte ich.

Die Braut lächelte stolz. »Ja, ganz klassisch. Er kniete nieder, den Ring in der Hand, und bat mich, seine Frau zu werden. Wie man das halt so macht. Es ist Tradition. Vielleicht sind wir konservativer, als uns lieb ist.«

Später sah ich sie am Stand eines Hochzeitsfotografen, er zeigte seine mit Weichzeichner aufgenommenen Paar-Bilder. Die beliebtesten Motive, erläuterte er, seien die Ganzkörper-Frontal-Aufnahme (damit das teure Kleid zur Geltung kommt) und das »Halbprofil« genannte Format, in welchem der Mann stur in die Kamera glotzt und die junge Gattin, aus unerfindlichen Gründen in Höhe seiner Brusttasche, ihn von unten und von der Seite anschmachtet (der Mann ist in diesen Bildern immer größer als die Braut, selbst wenn sie sich entschieden hat, einen Hobbit zu heiraten).

Arme June. Zwei Monate vor dem großen Tag rief der Besitzer des Restaurants an, in dem die hundert hungrigen Mäuler gestopft werden sollten, und wies darauf hin, dass der Hochzeitstag auf den Christopher-Street-Day falle. »Das macht nichts«, erwiderte June munter, »keine der Hauptpersonen wird daran teilnehmen!« Sie fand sich komisch. Nein, sie verstehe nicht, erwiderte der Restaurateur mit Grabesstimme: Die Schwulen-Parade führe geradewegs um sein Lokal herum. Da wäre kein Durchkommen. Da wäre kein Ankommen. Es tue ihm leid, aber die Hochzeitsgesellschaft müsse wohl umziehen.

»Meine Tochter ist am Ende!«, rief June. »Gestern stellte sie fest, dass ihr das Kleid nicht mehr passt, weil sie so viel abgenommen hat. Das Kleid ihrer Schwiegermutter! Ihr Verlobter war so glücklich, dass sie es tragen würde. Tradition, du verstehst. Nun müssen wir es ändern lassen. Nun müssen wir alles ändern! Ein neues Restaurant! Und die Einladungen sind schon raus!« Sie hyperventilierte. Wir blieben kurz stehen, damit sie wieder zu Atem kam. Einen ganzen Tag, keuchte sie, hätte sie damit zugebracht, ein weißes Satinband in hundertfünfzig kleine Streifen zu schneiden und daraus hundertfünfzig kleine Schleifen zu binden, welche sie dann auf hundertfünfzig Einladungskarten klebte. Alles noch mal von vorne! Mir fiel auf, dass sie von hundertfünfzig Gästen sprach, nicht mehr von hundert, aber ich sagte nichts.

Ein paar Tage später teilte sie mir mit, dass sie ein anderes Lokal ausfindig gemacht hätten. Es befand sich in jener riesigen Hotel-Kino-Einkaufspassage an der Ecke von Hollywood- und Highland-Boulevard, wo alljährlich die Oscars verliehen werden. »Ist doch schön«, sagte ich, aber sie warf mir wieder einen ihrer Harakiri-Blicke zu. »Weißt du, was allein das Parken kostet? Drei-zehn-tausend Dollar. Wenn die beiden sich scheiden lassen, werde ich sie erschießen.«

L. A. ist ein teures Pflaster. Im Durchschnitt kosten amerikanische Hochzeiten knapp 30.000 Dollar – auch nicht gerade ein Taschengeld. Weil bei solch wertvollen Ereignissen nichts schiefgehen darf, engagieren viele Brautleute einen »Wedding Planner«, also einen Organisator ihrer Herzensangelegenheit. Wahrscheinlich ist diese Zunft mittlerweile auch in Deutschland tätig, aber als ich meine erste professionelle Hochzeits-Planerin traf, staunte ich über jedes Wort von ihr. Sie lebte und arbeitete in Beverly Hills in einem schmucken Häuschen am Berg – eine gepflegte Blondine um die fünfzig mit einer Stimme, die klang, als gösse man flüssige Sahne in süße, warme Schokolade. Die perfekte Tonlage und Modulation für hysterische Bräute, ein beruhigendes Schnurren, das auch mich sofort schläfrig und willenlos machte. Randie Pellegrini war ein Ex-Model, das irgendwann entdeckte, dass sich hinter der Fähigkeit, Blumen hübsch in einer Vase und Teller ansehnlich auf einem Tisch zu arrangieren, ein höher entwickeltes Organisationstalent verbarg. L. A. erwies sich als ihre perfekte Spielwiese: Niemand hier, der Geld für aufwendige Feste hat, hat auch die Zeit, sie vorzubereiten. »Event«- und »Wedding-Planner« florieren besonders im Dunstkreis von Hollywood, wo gelungene Partys zum Statussymbol geworden sind. Randie zeigte mir ihr Fotoalbum: Hochzeiten von diversen Schauspielerinnen, eine Riesenparty für Ozzy Osbourne, eine für den »Kiss«-Sänger Gene Simmons. »Hochzeitsplaner sind hierzulande kein Luxus«, schnurrte sie, »sondern eine Notwendigkeit.«

Wer kann diese Entscheidungen treffen? Sie wies auf dicke Ordner voller Papiermuster für Einladungen, voller Schriften, voller Farbproben für die Tischdekoration. Eine Hochzeit in Rosa? In Champagner? Asiatisch oder Alice im Wunderland? Neuerdings seien »grüne« Veranstaltungen in, sagte sie, da würde die Einladung dann auf Recycling-Papier gedruckt und fürs Dinner einmal nicht Hummer von der Ostküste eingeflogen. Eine kleine Armee von Helfern ist mittlerweile für Randie unterwegs: »Location Scouts«, die den perfekten Strand für die Beach-Zeremonie suchen, Floristen, Make-up-Künstler, Designer, Köche. Die Kosten für ihren Service? Bei 70.000 Dollar geht's los, aber häufig veranstaltet sie Hochzeitspartys, die in die Millionen gehen.

Als ich June davon erzählte, zog ein Lächeln über ihr kleines japanisches Gesicht. »Wow! Was haben wir gespart!«, rief sie. Sie warf Bällchen für die Terrier, wirkte gelöst und heiter. Plötzlich dämmerte mir, weshalb sie so entspannt war. »War die Feier gelungen?«, fragte ich. June lachte wie ein Troll. »Es war wunderbar! Die Braut war schön, das Essen gut und die Rede vom Schwiegervater kurz. Und es ist vorbei. Ich bin so glücklich!«

Mit unverhoffter Milde meinte sie, dass jemand wie Randie doch sehr zufrieden sein müsse: immer umgeben von glücklichen, dankbaren Menschen. »Ist sie verheiratet?«

»Nicht mehr.«

»Geschieden?«, fragte June fassungslos.

Ich nickte knapp. Wir gingen eine Weile schweigend nebeneinander her, dann seufzte sie und sagte: »Ich habe noch eine Tochter. Sie sagt, sie will nie heiraten. Ich bin so glücklich.«

»Phils Ehe läuft schlecht«, sagt Tom. Er ist noch unrasierter als sonst, unter den Augen Knitterfalten. Ich habe ihn gerade von der Bushaltestelle abgeholt, der Hund schleckt ihm vom Rücksitz aus gründlich das Ohr.

»Ach«, sage ich so harmlos wie möglich.

»Er sagt, er muss aus dem Haus, weil sie ständig an ihm herumnörgelt.«

»Sie wird Grund dazu haben.«

»Sie hat sich verändert. Ich kannte sie vor der Ehe. Man konnte mit ihr Spaß haben. Jetzt benimmt sie sich wie eine Ehefrau.« Er klingt ernsthaft erschüttert. Ich muss lachen. Er wirft mir einen finsteren Blick zu. »Wirklich! Sie will immer zu Hause bleiben und mit Phil auf dem Sofa sitzen. Phil hasst es, auf dem Sofa zu sitzen. Sie will fernsehen und kochen. Phil will jagen.«

»Oh ja«, sage ich.

»Wie meinst du das?«

»Gar nicht. Ich meine, dass du Recht hast. Phil will jagen. Aber was weiß ich. Ich weiß nichts über diese Ehe.«

»Sie werden sich scheiden lassen.«

»Sagt er?« Ein bisschen zu aufmerksam.

»Sage ich. Jede zweite Ehe in diesem Land wird geschieden. Wir haben eine der höchsten Scheidungsraten der Welt! Und weißt du, woran das liegt? Weil wir alles wegwerfen. Wir werfen jeden Tag Plastiktüten weg und wir sprengen alte Gebäude in die Luft, wir wollen immer von vorn anfangen, alles muss neu und leicht sein, und sobald etwas nicht mehr funktioniert, schmeißen wir es weg.

Meine Schwägerin hat sich einen Drucker-Kopierer gekauft, du weißt schon, so ein Gerät, das angeblich alles kann, faxen, was weiß ich. Nach zwei Jahren gibt der Kopierer den Geist auf. Ich sage: Lass es reparieren. Nein, sagt sie, das gibt es nicht, niemand repariert mehr Geräte, du schmeißt sie einfach weg, das ganze Gerät, auch wenn das Faxen noch funktioniert. Und genauso ist es mit der Ehe.«

»Äh, Tom …«

»Ist doch wahr.« Er schaut grimmig aus dem Fenster. »Die Menschheit treibt mich in den Wahnsinn. Warum reparieren wir nichts mehr? Wir sind nicht mehr die Supermacht, die sich alles leisten kann.« Er seufzt. »Jedenfalls hat sie ihn gestern vor die Tür gesetzt. Er hat bei mir gepennt. Wir haben getrunken. Wir haben gekifft. Er hat geschnarcht wie ein Büffel. Was für eine Nacht. Ich kann nur hoffen, dass sich das wieder einrenkt, ich bin zu alt für so ein Leben.«

DIE ANDEREN

Ich war ein bisschen nervös, als wir die Außentreppen in den ersten Stock hinaufstiegen. Das Haus befand sich an einer breiten Straße, in deren Rinnstein Plastiktüten und Pappbecher vergammelten. Ein Auto stand am Straßenrand, das aus einem Steve-McQueen-Film stammen könnte, eine uralte Kiste mit löchrigen Sitzen; ein Vorderreifen war platt. Im Vorgarten rostete eine Blechwanne, hinter eingerissenen Maschendrahtzäunen kläffte ein Hund. Fenster in den umliegenden Häusern waren mit Pappen zugeklebt. An diesem diesigen Mittag sah ich keinen Menschen auf der Straße, nur einen kleinen, dicken Jungen vor dem Nachbarhaus, der uns – ich begleitete einen Fotografen – neugierig nachschaute. Wir waren unterwegs in South Central L. A., dem Stadtteil, dessen Name unangenehme Erinnerungen an die Straßenschlachten der sechziger Jahre und an den Rodney-King-Skandal von 1992 auslöst und der deshalb offiziell und optimistisch umbenannt wurde in das neutrale »South Los Angeles«. Doch niemand nennt die Gegend so, allenfalls die Stadtverwaltung.

»South Central«, sagte der Fotograf, sei weiterhin »Gang-Land«: fest im Griff von Dutzenden Banden, die sich untereinander bis aufs Blut bekriegen. Wir waren verabredet mit einem Mitglied der berüchtigten 18th-Street-Gang, die seit den sechziger Jahren mit mexikanischen und kolumbianischen Drogenkartellen zusammenarbeitet und berühmt dafür ist, schon Kinder zu rekrutieren. »Ex-Mitglied«, schärfte mir der Fotograf ein. Er plante ein Buch über Gangs in L. A. und begleitete seit längerem einige schwere Jungs (und Mädchen) mit dem Fotoapparat. Er wusste, dass sie seine Porträts mochten, weil sie fanden, dass sie darauf aussahen wie Rap-Stars. Cool, aggressiv, großspurig.

Manchmal jedoch erwischte er sie, wenn sie sich nicht inszenierten. Wenn sie nicht aufgepumpt vom Adrenalin mit ihren Waffen posierten, sondern aussahen wie Zwanzigjährige, die keine Ahnung hatten, was sie mit dem Rest ihres Lebens anfangen sollten.

»Ach, noch was, er hat einen Hund«, wisperte der Fotograf, nachdem er an der Tür geklopft hatte und dahinter das Rasseln von Ketten und das Aufschnappen von Schlössern zu hören war. »Ein Pitbull oder so, schätze ich. Hast du Angst vor Hunden?«

Normalerweise nicht, wollte ich erwidern, aber da sprang die Tür auf, und ich schaute dem Gangster ins Gesicht. Es war voller Narben. Der Fotograf hatte mir erzählt, dass »Juan« – »nennen wir ihn Juan, es spielt keine Rolle« – im Gefängnis in eine Messerstecherei mit Mitgliedern einer feindlichen Gang geraten war. Seine Stirn und Schläfe wurden aufgeschlitzt, und nur weil die anderen dachten, er sei damit erledigt, tot, ließen sie von ihm ab. Eingesessen hatte er wegen bewaffneten Raubüberfalls, aber das, sagte der Fotograf, war bloß das Verbrechen, bei dem sie ihn erwischt hatten. Seit seinem achten Lebensjahr gehörte Juan zu seiner Gang. Nun war er Mitte zwanzig und zur Bewährung auf freiem Fuß. Ein gedrungener junger Mann mit dunklen Augen, die so reglos blickten, als hätte er sie mit Filzstift ausgemalt.

Von der Tür fiel man sofort ins Wohnzimmer, wie in einem Motel. Der Raum stand voller Polstermöbel und mündete in einen dunklen, vollgestellten Flur, und auf dessen Schwelle zitterte der hässlichste Chihuahua-Mischling, den ich je gesehen hatte. Kaum setzte sich Juan auf eines seiner Sofas, trippelte das Hündchen herbei, machte einen Satz und platzierte sich auf des Gangsters Schoß. Während er dem Tier den walnussgroßen Schädel tätschelte, erzählte Juan von seinem Alltag: dass er bestimmte Straßen und Viertel niemals betreten könnte, weil dort rivalisierende Gangs regierten; dass er seine Freunde mied, weil sie ihn zurücklotsen wollten in seine alten Gewohnheiten

– Drogenhandel, Einbrüche, Revierkämpfe. Er versuchte jetzt ein anderes Leben, sagte er. Ein besseres? Er nickte unbehaglich, er hatte keine Ahnung, was »ein besseres« sein sollte. Ein Leben ohne Angst vielleicht: Mit einer Ex-Freundin hatte er einen kleinen Sohn, aber um ihn zu sehen, musste er durch Feindesland.

»Was passiert, wenn sie dich erwischen?«, fragte ich.

Er setzte den Hund auf den Teppich und blickte mich mit diesen ausdruckslosen Augen an.

»Es gibt Ärger.«

»Bedrohen sie dich?«

»Ja.«

»Mehr als das?«

»Manchmal.«

»Sind sie bewaffnet?«

»Ja.«

»Und du?«

Er blickte amüsiert. »Ich bin auf Bewährung.«

»Hast du eine Waffe im Haus?«

Er warf dem Fotografen einen schnellen, vorwurfsvollen Blick zu. »Ich sage doch, ich habe Bewährung. Ich kann mich doch nicht mit einer Waffe erwischen lassen.«

»Shit«, sagte der Fotograf. Er meinte aber nicht Juan. Er meinte es ganz wörtlich. Der kleine Hund wölbte sich zum Halbrund und erleichterte sich auf dem Teppichboden. Der Gangster seufzte. Er stand auf und verschwand im dunklen Flur. »Jetzt holt er die Knarre«, zischte ich dem Fotografen zu, »und erschießt den Hund.« Aber Juan kam mit einer Handvoll Küchentücher zurück, bückte sich und wischte das Häufchen auf. Der Hund sprang aufs Sofa, dorthin, wo es noch warm war, rollte sich zusammen und drückte die Knopfaugen zu.

Juan ging nicht davon aus, dass er alt würde. Er kannte keinen in seiner Gang, in irgendeiner Gang, der alt war. Die Alten waren tot. Oder sie saßen im Knast, so wie Stanley Williams, der einst die berüchtigten »Crips« angeführt und sich im Gefängnis zum Anti-Gang-Aktivisten gewandelt hatte. Im Winter des Jahres 2005 wurde er – nachdem Arnold Schwarzenegger seine Begnadigung abgelehnt hatte – in einem nordkalifornischen Gefängnis wegen vierfachen Mordes hingerichtet, kurz vor seinem 52. Geburtstag.

Es gab damals Mahnwachen und Sonderberichte in den Medien buchstäblich bis zur letzten Minute, als noch Hoffnung auf einen Sinneswandel des Gouverneurs bestand. Williams war eine richtige Berühmtheit geworden – Kinderbuchautor und indirekt Held eines biografischen Spielfilms mit Jamie Foxx und von manchen sogar favorisiert für einen Nobelpreis. Schwarzenegger sah sich einer Woge von Kritik und Empörung ausgesetzt. In seinen »Äktschn«-Filmen hatte er routinemäßig ganze Landstriche entvölkert, aber nun war er tatsächlich Herr über Leben und Tod (und wählte, zum Abscheu auch seiner alten Heimat Österreich, den Tod). In Graz wollten sie ihm sein Stadium wieder wegnehmen, aber Schwarzenegger, ganz Politiker, kam den Stadtvätern zuvor und zog seinen Namen zurück. »UPC-Arena« heißt das Sportzentrum nun, kein Gedanke mehr an den berühmtesten Sohn der Steiermark.

Touristen verirren sich in der Regel nicht nach South Central. Es gibt dort schlicht nicht viel zu sehen, nur ärmliche Wohnblocks und Billigläden und zu viele unterbeschäftigte junge Männer auf der Straße. Als im Frühjahr 1992 die Krawalle begannen – Auslöser war bekanntlich der Freispruch für vier weiße Polizisten, die den schwarzen Bauarbeiter Rodney King ein Jahr zuvor in einer Verkehrskontrolle angehalten und krankenhausreif geschlagen hatten –, lag die Arbeitslosenquote hier bei fast vierzig Prozent. Nördlich des Santa-Monica-Freeways, der wie ein Gürtel in die Leibesmitte des Molochs Los Angeles schneidet, spreizte sich das Bilderbuch-L.A. mit seinen Palmen und Porsches und Plastik-Blondinen, während hier unten das seit Jahren brodelnde Gemisch aus Armut, Frust und Gewalt explodierte.

An der Kreuzung von Florence- und Normandie-Boulevard steigerten sich die Proteste gegen das Rodney-King-Urteil zur Straßenschlacht: Eine aufgebrachte Menge schwarzer junger Männer zerrte einen weißen LKW-Fahrer aus seinem Wagen und schlug ihn beinahe tot; ein Fernsehhubschrauber stand donnernd über ihnen und übertrug jedes blutige Detail in Amerikas Wohnstuben. Danach brach die Hölle los, mehr als fünfzig Menschen starben im Verlauf der sechstägigen Krawalle, viereinhalbtausend Feuer vernichteten viele tausend Geschäfte und Wohnungen, bald 17.000 Leute wurden beim Prügeln oder Plündern oder Brandsetzen oder Morden festgenommen, die Armee rückte an, und der Bürgermeister verhängte eine Ausgangssperre, die erst im Monat darauf aufgehoben wurde.

»Flammpunkt« nannte die Polizei damals jene Kreuzung, an welcher der Truck-Fahrer Reginald Denny seine traurige Berühmtheit als erstes Opfer der *riots* erlangte und fast sein Leben verlor. Ich stand an der Straßenecke und versuchte mir das Chaos von damals vorzustellen. Es hatte sich nicht viel verändert. Einerseits. Da waren in der Zwischenzeit keine glitzernden neuen Bürogebäude gewachsen, nicht mal ein Starbucks hatte aufgemacht, es roch noch immer nicht nach Geld. Andererseits war South Central damals ein schwarzes Viertel. Und heute hört man Spanisch in den Läden, aus offenen Autofenstern plärren mexikanische Popsongs, in den Fenstern der Wohnhäuser blinken katholische Heiligenbilder. Ich holte mir am Kiosk an der Ecke etwas zu trinken. Der Kassierer war Koreaner. Nein, die Krawalle damals hatte er nicht miterlebt. Aber er erwartete jederzeit neue. »Sie hassen sich«, sagte er mit gesenkter Stimme. Wer, wollte ich wissen. Er sah mich an, als wäre ich gerade aus einem Raumschiff gepurzelt. »Die Schwarzen und die Latinos!«

»Und die Asiaten?«, fragte ich.

Er lächelte. »Wir halten uns raus.« Er erwähnte nicht die »Korean Killers« und die »Korea Town Gangsters« und all die vietnamesischen und taiwanesischen und chinesischen Gangs, die im beständigen Kampf miteinander und mit den schwarzen und mexikanischen und armenischen und »arischen« Gangs liegen.

Tatsächlich sind heute zwei Drittel der Bewohner von South Central »hispanisch«, Einwanderer aus Lateinamerika oder deren Kinder. »Wir hassen sie!«, sagte ein schwarzer junger Sozialarbeiter, den ich in der Nähe von Juans Haus auf der Straße traf. Er war hochgewachsen und gutaussehend, mit hüftlangen Dreadlocks wie ein Rockstar und bemerkenswert weißen, ebenmäßigen Zähnen. Bemerkenswert fand ich ebenfalls, dass ich alle Zähne zu sehen bekam, denn er lachte breit, als er diesen doch recht schaurigen Satz sprach. Jeffrey war in South Central geboren und dank seiner strengen Großmutter niemals in die Hände irgendwelcher Gangs gefallen: Sie peitschte ihn durch die Schule und sorgte dafür, dass er zum Studieren die Stadt verließ. Seine Mutter bekam er selten zu sehen, sie hatte ihn bei der Großmutter abgeliefert und war mit einem *boyfriend* weitergezogen, der definitiv nicht der Kindsvater war; von Letzterem fehlte jede Spur in Jeffreys Leben. Eine typische Kindheit hier, meinte er achselzuckend; die Mütter schuften in drei Billigjobs gleichzeitig oder sind sonstwie abwesend – Drogen!, bellte er in mein fragendes Gesicht –, und die Väter machen sich aus dem Staub. Deshalb war Jeffrey zurückgekommen nach South Central: Er betreute im Auftrag des Sozialamts Kinder, die den ganzen Tag allein sind, und versuchte ihnen beizubringen, dass Gangs »uncool« sind.

»Wir hassen die Latinos«, lachte Jeffrey. »Sie halten uns vor Augen, wo wir versagen. Schau dir diese Straße an. Hier wohnen vorwiegend Schwarze. Gang-Gebiet der Crips. Überall sind ihre Graffiti. Die Straßen sind voller Müll, die Häuser verfallen, abends siehst du Ratten in die Hauseingänge huschen. Und schau dir ihre Straßen an. Sie kommen über die Grenze und krempeln die Ärmel hoch und fangen an zu arbeiten. Sie renovieren und malen und arbeiten. Sie schnappen sich unsere Jobs, und dann drücken sie ihre Brüder und Neffen und Cousins auf die restlichen Stellen. Sie sind fleißig. Sie halten zusammen. Natürlich hassen wir sie. Und sie, sie verachten uns.« Jeffrey zeigte noch mal seine schönen Zähne. »South Central, meine alte schwarze Heimat, ist jetzt ein *barrio*. Wir essen *burritos* statt Burger, beten zur Madonna, und selbst die Cops heißen Lopez und Martinez und sprechen Spanisch.«

»Ich fühle mich«, sagte meine Nachbarin Barbara, »tatsächlich wie in Mexiko.«

Da kommt sie her, und sie ist weiß Gott nicht die Einzige: In Los Angeles stammt die Hälfte aller Einwohner aus Lateinamerika, die meisten davon aus Mexiko. Landesweit sind zwar nur fünfzehn Prozent aller US-Bürger Latinos, aber im Jahr 2050, sagen die Statistiker, wird es schon ein Drittel sein. Kürzlich bekam Barbara Besuch von ihren Kindern aus Mexiko City, und sie fuhr mit ihnen nach Downtown. Den ganzen Tag, sagte sie, verlor sie kein Wort Englisch. Alle Verkäufer sprachen Spanisch, Straßenschilder und Speisekarten waren auf Spanisch, in den Läden hörte man spanischsprachige Radiosender, überall vertraute Sprüche und Gesten. Warum sind wir nach Los Angeles geflogen, mäkelten die Kinder, ist ja wie zu Hause.

Offizielle Schreiben der Stadt sind zweisprachig. Wenn man bei der Telefongesellschaft anruft und sich über die Rechnung beschweren will, hört man auf dem Band: *Para Español, marque dos*. Selbst meiner liberalen Nachbarin Beverly wird das manchmal zu viel. »Sollte man nicht wenigstens *versuchen*, die Sprache des Landes zu lernen, in dem man lebt?«, fragte sie neulich verärgert. »Wir machen es ihnen zu leicht.« Ihr mexikanischer Gärtner fegte gerade das Laub zusammen; er warf ihr einen kurzen, scharfen Blick zu.

»Die Mexikaner sind für die Kalifornier, was für euch die Polen sind«, sagte im Canyon die Polin, die ich neuerdings beim Spaziergang traf. Sie lebt seit dreißig Jahren in den USA, hat die Staatsbürgerschaft angenommen, wählt stramm die Republikaner und hat einen härteren Akzent als Arnold Schwarzenegger. Anfangs war sie auf Deutschland ganz schlecht zu sprechen. »Ihr habt die Hälfte meiner Familie umgebracht«, sagte sie einmal, dann fasste sie mich erschrocken am Arm und stieß hervor: »Nicht du, meine ich. Ihr. Die anderen.«

Einmal im Monat kam Beverlys mexikanischer Gärtner auch zu mir. Tom vermutete, dass er illegal über die Grenze gekommen war. Sein Verdacht gründete sich einzig auf Carmelos Wunsch, bar bezahlt zu werden. »Wahrscheinlich kann er kein Konto eröffnen, weil er keine Sozialnummer hat.«

Ich wies ihn darauf hin, dass auch er auf Bargeld bestand. Worauf er mir erklärte: »Ja, aber ich kann kein Konto eröffnen, weil ich keinen Ausweis habe.«

»Das macht dich auch irgendwie illegal.«

»Entschuldige bitte«, erwiderte Tom entrüstet: »Ich bin Amerikaner!«

Weil er einige Zeit in Costa Rica verbracht hatte, sprach er Spanisch. Halbwegs jedenfalls. Manchmal redete er auf Carmelo ein, und das Einzige, was mir Spanisch vorkam, war sein wildes Gestikulieren, er sah aus wie Don Quichotte im Kampf mit den Windmühlen. Carmelo hörte ihm stets höflich zu und sagte am Ende von Toms eruptiven Ausführungen: »Okay, alles klar.«

Barbara war stolz auf ihr Land. Sie liebte seine Küche und seine Landschaften, seine Kultur und seine Geschichte. »Alta California« nannte sie den Staat gern, in dem sie lebte – im Gegensatz zur »Baja California«, jener 1.200 Kilometer langen Halbinsel südlich der Grenze zwischen Pazifik und der Cortes-See: das »obere« und das »untere« Kalifornien. Die »Baja« war ein beliebtes Ausflugsziel für die von »oben«; am südlichsten Zipfel relaxten in den Luxushotels von Cabo san Lucas gern Hollywoods Stars und Millionäre. »Baja« und »Alta« waren früher eins, pflegte sie zu sagen: Erst seit Mitte des 19. Jahrhunderts gehört das obere Kalifornien zu den Vereinigten Staaten und nicht mehr zu Mexiko.

Wir sind nicht die Fremden, sagte Barbara. Wir kommen nach Hause.

»Wo hat es reingeregnet?«, fragt Phil.

Wir stehen hinter dem Haus und glotzen aufs Dach, Tom, Phil, Georgie und ich. Das heißt, der Hund hat wie immer nur Augen für Phil. Ich zeige auf die Oberlichter, aus denen gestern, als ein Schauer über Los Angeles zog, stete Tropfen auf meinen Esstisch fielen. Es hängen Wolken am Himmel, für die nächsten Tage ist leichter Regen angesagt.

»Oberlichter sind immer anfällig für Lecks«, sagt Tom in sehr fachmännischem Ton. »Ich würde sagen, wir fahren in den Baumarkt und holen eine große Plastikplane. Die legst du drüber, dann hast du Ruhe.«

»Hast du das so bei den Makaken gemacht?«, fragt Phil belustigt.

»Costa Rica«, erwidert Tom beleidigt.

»Ich kann nicht glauben, dass du eben Makaken gesagt hast, und du sofort wusstest, dass er Costa Rica meint!«, rufe ich.

»Das sagt er immer«, brummt Tom, »alles jenseits der Grenze ist Makakenland.«

»Ich hab nur einen Witz gemacht«, stöhnt Phil.

»Einen rassistischen«, sage ich. »Du redest wie ein ›Redneck‹.«

»Oh Gott. Beschimpfst du mich jetzt wieder, weil ich die Republikaner gewählt habe?«

»Ich kann einfach nicht verstehen, wie du das tun kannst. Du bist das, was man den amerikanischen Mittelstand nennt, und die Republikaner haben nicht das geringste Interesse an dir und deinesgleichen.«

»Ich habe jedenfalls noch nie von einem Republikaner gehört, der meine Freiheiten einschränken will.«

»Freiheiten! Du willst doch nur dein Gewehr mit dir herumtragen!«

»Zum Beispiel. Und nur damit du's weißt, ich teile auch andere politische Ansichten mit ihnen.«

»Ich ahne, welche. Die Grenzen dichtmachen für Makaken?«

»Jetzt hör mal zu, Miss Germany, du redest nur so daher, weil in deiner Gegend keine mexikanischen Jugendbanden unterwegs sind, die sich aus fahrenden Autos heraus Kugeln in den Kopf schießen.«

»Ach, du bevorzugst amerikanische Jugendbanden?«

Tom schaut zu wie ein Besucher von Wimbledon, immer von Phil zu mir und von mir zu Phil. »Leute«, sagt er, »es ist doch nur ein Loch im Dach.«

»Und das mit der Plastikfolie ist überhaupt ein saublöder Vorschlag!«, fahre ich ihn an. »Ich brauche hier einen Profi!«

Ich lasse die beiden stehen und rufe Carlos an. Carlos ist der Dachdecker meiner Nachbarn. Erst kürzlich hat er ihre Garage mit Dachpappen belegt; man versichert mir, hierzulande verwende man keine Ziegel wie bei uns, sondern diese steifen Asphaltblättchen. Mit Carlos kann man, wegen seiner schlechten englischen Sprachkenntnisse, nur mithilfe seiner Tochter kommunizieren. »Mein Vater sagt, es tut ihm leid mit Ihrem Leck«, übersetzt sie.

»Kann er denn bald kommen und es reparieren?«

Ein zackiger Dialog im Hintergrund, dann spricht sie wieder in die Muschel: »Nicht vor nächster Woche.«

»Aber es ist dringend!«

»Mein Vater sagt, es wird nicht mehr regnen«, spricht die Tochter tröstend. »Und falls doch, legen Sie eine Plastikfolie drüber. Dann haben Sie Ruhe.«

WO BLEIBT DAS POSITIVE?

Nicht nur bei mir, auch beim glücklichsten Menschen der Welt hatte es ins Haus geregnet. Und während es sich bei mir nur um ein paar Tropfen auf dem Esstisch handelte, musste es beim glücklichsten Menschen der Welt eine wahre Schlammlawine gewesen sein, denn er klagte über ruinierte Teppiche und einen Wasserschaden, der in die Zehntausende ging. Er nannte seine Versicherung einen Haufen Betrüger und wetterte, ganz Amerika sei eine Fallgrube, die sich unter ehrbaren Bürgern wie ihm auftäte und aus der man nur mithilfe habgieriger Anwälte wieder herausfände. Kurz, der glücklichste Mensch der Welt haderte mit seinem Dasein. Jedenfalls ein paar Minuten lang. Dann schob er mit einem fetten Lächeln die Apfelbäckchen in Richtung Ohren, rollte seine schwarzen Murmelaugen und rief im tanzenden Singsang der Inder: »Die Welt ist krank! Aber ich bin ihr Retter!«

Bikram Choudhury hieß der Glückliche, und er war Yoga-Lehrer, was sein Wirkungsfeld an den meisten Orten auf unserem Planeten der Sparte Leibesertüchtigung zuordnet, in Kalifornien aber unter Religion fällt. Gut, in Indien möglicherweise auch. »In Indien«, tönte jedenfalls der in Kalkutta geborene Bikram, »bin ich Jesus.« Menschen stünden Schlange, um ihm die Füße zu küssen; eine religiöse Unterwerfungsgeste, die in L. A. etwa der Bereitwilligkeit entspricht, T-Shirts mit Bikrams Konterfei darauf und von ihm besungene CDs zu kaufen. Prominente von Richard Nixon bis Michael Jackson, von John McEnroe bis Madonna hat er schon schwitzen lassen; buchstäblich übrigens, er exerziert seine Yoga-Posen bei über vierzig Grad, da kämen selbst Vertreter körperlich weniger herausfordernder Disziplinen wie etwa Nasenbohrer ins Transpirieren.

Körper, Geist und Seele befänden sich bei ihm in seltener Eintracht, erklärte Bikram, was eben sein Glücklichsein begründe. Gerade L. A. aber sei voller unglücklicher Gestalten – ein Rätsel dies, wo es hier doch so schön sei. »Sie haben den größten Swimmingpool der Welt und können gar nicht schwimmen!«, rief er, der beim Versuch, den Amerikanern das Schwimmen beizubringen, zum mehrfachen Millionär geworden ist.

»Geld, Geld, Geld!«, tadelte er. »So denken die Amerikaner. Immer nur ans Materielle. Deshalb sind sie doch so unzufrieden! Denn das ist nicht das Leben.« In Indien, dozierte er, hätten die Menschen viel weniger und seien doch viel glücklicher. Dann schwärmte er eine Weile von seinen Oldtimern und erzählte strahlend, dass er einst der begehrteste Junggeselle der Welt gewesen sei, jede Frau hätte sich haltlos in ihn verliebt.

Ich gluckste ähnlich unbeherrscht vor mich hin; eigentlich hätte ich Bikram über die Segnungen des Yoga befragen sollen, aber seine Tiraden waren viel unterhaltsamer. »Gerade hier in Los Angeles faseln sie unentwegt von Spiritualität, aber sie wissen gar nicht, was das ist«, deklamierte er gerade. »Sie glauben, wenn sie in die Kirche oder in die Synagoge rennen, sei das spirituell. Dabei lassen sie ihre Seele verkümmern.« Er hielt inne und grinste mich über den Schreibtisch an. »Sie hingegen kommen mir recht vergnügt vor.«

»Tatsächlich?«, erwiderte ich schuldbewusst.

»Sie haben ein heiteres Wesen«, sprach Bikram bestimmt. »Ich erkenne solche Dinge sofort, das ist meine übernatürliche Gabe: Was immer meinen Mund verlässt, ist die universelle Wahrheit!« Ich nickte beeindruckt, und er erklärte mir, dass man in seiner Heimat seinen Mitmenschen Beinamen gebe, die ihre wahre Natur beschrieben. Er neigte den Kopf zur Seite und blickte mich aus seinen schwarzen Augen prüfend an; man sah förmlich, wie sich hinter den Murmeln ein Gedanke ballte, dann rief er stolz: »Ich hab's: Aufgehende Sonne über den Bergen des Himalaja!«

»Dankeschön«, murmelte ich ergriffen. Ich wollte nicht pingelig sein und um ein anderes Gebirge bitten, weil mir der Himalaja doch recht fern war, außerdem klang »Aufgehende Sonne über der Schwäbischen Alb« doch vergleichsweise unbedeutend.

Als ich tags drauf meiner Nachbarin Beverly meine Namensänderung mitteilte, fragte sie argwöhnisch: »Hat er gesagt, dass du immer gute Laune hast?«

»So in der Art.«

»Das ist mir auch schon aufgefallen. Nimmst du etwas?«

»Dagegen, meinst du?«, fragte ich verwirrt. »Nun, ich dachte nicht, dass es störend ...«

»Ich meine: dafür«, unterbrach sie mich. »Lexapro, Effexor, Cymbalta oder Zoloft?«

Ich dachte für einen Augenblick, sie werfe mir die Namen klingonischer Wissenschaftsoffiziere an Bord der »Enterprise« an den Kopf, aber dann erinnerte ich mich an diese Fernsehreklame, in der ein Hund traurig vor seinem Frauchen sitzt, das, statt mit ihm zu spielen, nur trübe vor sich hinblinzelt; der Dame wird dann eines dieser vier Antidepressiva empfohlen.

»Aber Beverly«, sagte ich betroffen, »ihr Amerikaner schätzt doch so das Positive!« Man denke bloß an das Crescendo einer typischen Begrüßung: Hallo, guten Morgen! – Einen wunderschönen guten Morgen! Wie geht es Ihnen? – Danke, sehr gut! Und Ihnen? – Fantastisch! Danke der Nachfrage! – Ich wünsche einen schönen Tag! – Ihnen auch, danke! Einen großartigen Tag! – Ja, vielen Dank. Und bis morgen dann! – Ja, bis morgen! Ich hoffe, ich sehe Sie wieder! – Ja, das hoffe ich auch! Und ... – Zwitscher, zwitscher, das könnte ewig so weitergehen. In meiner Straße wohnt einer, mit dem ich mir wahre Duelle der Euphorie liefere, keiner will klein beigeben, bis wir uns unserer gegenseitigen Zufriedenheit, nein: Glückseligkeit versichert haben; anschließend schleppen wir uns mit drastisch erhöhtem Blutzucker in die Schatten unserer Häuser zurück.

»Wir versuchen ja auch stets, gut drauf zu sein«, bestätigte Beverly und seufzte. »Aber hast du eine Ahnung, wie schwer das manchmal ist?« Sie sei in ihren BH-freien Hippie-Tagen einmal durch Old Europe gereist, erzählte sie. An ihren Stopp in Wien erinnerte sie sich mit neidvoller Sehnsucht: eine prächtige alte Zuckerbäckerstadt – voller schlecht gelaunter Menschen. Wortkarg, muffelig, stier in ihren Kaffeegläsern rührend. Manchmal seien Charme-Attacken über sie gekommen wie Hustenanfälle, und Beverly schwärmte von Handküssen und topfenstrudelsüßen Komplimenten. Dann aber habe diese Wiener wieder der Gedanke an die eigene Sterblichkeit oder an Wasserschäden überwältigt und sie hüllten sich erneut in Wolken grantiger Melancholie. Der Gedanke, man müsste immerzu fröhlich und zufrieden sein, war ihnen ein Graus, meinte Beverly. »Hierzulande ist es ein Muss.« Sie sei überhaupt nicht unglücklich. Aber immer glücklich, *oy vey*.

»Probiere Yoga«, schlug ich vor, noch unter dem Eindruck von Bikrams strotzendem Ego.

»Hab ich. Mindestens ein halbes Jahr lang.« Sie winkte ab. »Einmal bin ich in die gleiche Kabbala-Klasse wie Madonna gegangen. Aber Bibelstudium ist nicht meine Stärke. Ich habe mich dabei ertappt, dass ich auf Madonnas ungefärbte Haaransätze gestarrt habe, statt mich in die Thora zu vertiefen. Das wurde damals gerade schick: dunkle Haaransätze. Kabbala auch. Habe beides ausprobiert. *Thanks, but no thanks.*«

Thomas Jefferson sei an allem schuld, meinte Tom. Wenn der damals nicht so romantisch das »Streben nach Glück« als ein Grundrecht der jungen Nation in die Unabhängigkeitserklärung hineingefaselt hätte, wäre Amerika nicht so besessen von der Jagd danach. »Wir sind bekanntlich ehrgeizig. Sportlich ehrgeizig. Gib uns ein Ziel, und wir versuchen, Erster zu sein. Und nun steht da, wir müssen glücklich sein. So verstehen wir es jedenfalls. Was für ein Druck! Kein Wunder, dass meine

Schwägerin seit ihrer Scheidung eine Tablette nach der anderen einwirft.«

»Bist du denn glücklich, Tom?«

Er lachte und begoss tüchtig den Marihuana-Strauch, den er hinter einem Zitronenbäumchen großzog (seine ersten vier heimlichen Zuchtversuche scheiterten, weil ich immer wieder das vermeintliche Unkraut ausrupfte). »Wenn ich in meinem langen Leben etwas gelernt habe, dann das: Es kommt gar nicht darauf an, glücklich zu sein – sondern glücklich zu machen. Wenn du deinem Hund den Bauch streichelst, wem geht es dann besser?«

Beim Spazierengehen traf ich manchmal eine Seidenblumenhändlerin mit Schäferhund, die mich unbedingt in ihre buddhistische Gebetsgruppe mitnehmen wollte. »Es hilft mir, so viele Dinge im Leben zu bewältigen.« Sie war Mutter einer Teenager-Tochter, sie konnte sich ein Leben ohne Widerstand gar nicht vorstellen. »Ich habe gerade dreihundert Dollar verloren. Bin ich unglücklich deswegen? Nein. Ich bin ganz gelassen.«

»Nun, du hast sie nicht direkt verloren«, sagte ich behutsam. »Wenn ich mich recht erinnere, hat dein Hund einem anderen ein Ohr abgebissen und du musstest den Tierarzt bezahlen.«

»Mein Hund hat aber nicht angefangen!«, fauchte sie. »Aber egal. Ich bin ganz entspannt. Das *Chanten* hilft.«

»Das – was?«

»Wir *chanten*. Es ist eine Rezitation, wir wiederholen immer wieder dieselben Wörter. Sie lauten: Nam-myoho-renge-kyo. Und sie bedeuten, dass alle lebenden Wesen die Möglichkeit besitzen, Buddha zu sein. Wenn wir uns auf unsere Buddha-Natur besinnen, erreichen wir das vollkommene Glück.«

Sie lächelte betont friedlich. Dann beobachtete sie, wie ihr Hund in der Ferne auf einen anderen zusprang, der uns gerade entgegenkam. »Um Gottes willen!«, entfuhr es ihr, und sie fing aus dem Stand an zu pesen wie Georgie, wenn er einem Karnickel nachsetzt. »Das ist Rusty! Das ist der Hund mit dem abgebissenen Ohr!«, rief sie über die Schulter und winkte hektisch mit der Leine. »Ich komme! Ich komme! Oh mein Gott! Lass es dran! Lass das andere Ohr dran!«

Danach sah ich sie für eine ganze Weile nicht. Wahrscheinlich bestrafte sie ihren Schäferhund mit Hausarrest. Und konzentrierte sich nach Erhalt weiterer Tierarztrechnungen voll auf ihre Buddha-Natur.

»Ich war jahrelang in Therapie, ich weiß genau, dass ich nicht glücklich bin«, sagte an einem anderen Morgen Lori, die Veganerin. »Für diesen Befund habe ich viele Tausend Dollar bezahlt. Ich komme aus einer christlichen Familie. *Sehr* christlich. Meine Verwandtschaft glaubt nicht an die Evolution, ist gegen Abtreibung und fürchtet sich vor Homosexuellen und Männern, die Mohammed heißen. Sie sagen, wer Gott gefunden hat, ist glücklich. Ich habe es versucht. Ich habe sogar ein Keuschheitsgelübde abgelegt – kein Sex vor der Ehe.«

»Bist du verheiratet?«

»Meine Ehe war einer der Gründe, weshalb ich Therapie brauchte«, erwiderte sie mürrisch. »Heute habe ich keinen Kontakt mehr zu dem Steakfresser. Und ich bin Atheistin geworden, Gott sei Dank.«

Ich musste lachen, aber sie beachtete mich nicht, sie wühlte in ihrer Geschichte. »Als es mir richtig schlecht ging nach der Scheidung, empfahl ein Freund Scientology. Aber diese Kurse erinnerten mich bloß an meinen Ex, der spielt in Science-Fiction-Filmen mit und muss auch immer so seltsam daherreden.«

Vor dem Scientology-Center am Sunset-Boulevard hatte ich einmal Tom abgeholt. Sein Bus war wegen eines Unfalls umgelenkt worden, und er fand keine Telefonzelle, um mich anzurufen. (»Es gibt keine Telefonzellen mehr! Die Menschheit treibt mich in die Verzweiflung. Demnächst schaffen sie noch die Busse ab. Und dann die armen Leute! Sie werden uns zusammen mit ihren ausrangierten Mobiltelefonen auf Müllhalden in Asien entsorgen!«) Ein freundlicher junger Mann vor dem Gebäude – Scientologe, wie sich rasch herausstellte – lieh ihm sein Handy. »Ich wollte gerade einen Persönlichkeitstest machen«, sagte Tom, als er sich zu mir ins Auto schwang. »Byebye, Harry!«, rief er dem Jungen nach. Dann, wieder zu mir: »Aber ich glaube, ich bin bereits ein Thetan.«

»Sind das nicht unsterbliche Wesen mit Superkräften? Leute wie Tom Cruise?«

»Es gibt verschiedene Stufen der operierenden Thetane«, erklärte Tom eifrig. »Harry meint, es dauert eine Weile, bis du so weit bist. Aber ich glaube, es ist ein natürliches Talent, das ich einfach besitze, so wie mein Sinn für Ästhetik oder meine rasche Auffassungsgabe.«

»Ich weiß nicht, ob Scientology das Richtige für dich ist, Tom. In ihrer Ideologie spielt Geldverdienen eine große Rolle.«

Tom klagte, ich würde ihn ständig unterschätzen. Dann kurbelte er das Autofenster runter, stellte die Klimaanlage auf die höchste Stufe und stöhnte mit Vorwurf gegen den fahlblauen Himmel: »Mann, ist das heiß heute.«

Am Abend saßen wir auf der Terrasse und tranken kaltes deutsches Bier. Tom hatte gerade zusammengepackt, aber uns graute davor, in den heißen Wagen zu steigen. Es war ein unglaublich stickiger Herbstabend. Der Hund lag matt auf der Seite und döste, obwohl er den ganzen Tag nichts anderes gemacht hatte. Die Santa-Ana-Winde bliesen durch die Canyons; sie kamen aus der Wüste, heiß wie Tieratem, und in vielen Teilen der Stadt herrschten so genannte *red flag warnings*, höchste Alarmbereitschaft. In den Bergen durfte man nicht mehr am Straßenrand parken, damit im Notfall Löschfahrzeuge durchkamen. Und Rauchen im Freien, ohnehin verpönt, rief nun beinahe einen Lynchmob auf den Plan.

Trotz der lähmenden Hitze lag eine seltsame Unruhe in der Luft. Autofahrer reagierten gereizter, Kleinkinder plärrten wegen jeder Kleinigkeit. Es kratzte im Hals, es brannte in den Augen, die Lippen sprangen auf. Am Vormittag fiel für ein paar Stunden der Strom aus, um die Mittagszeit schwanden einer älteren Nachbarin die Sinne. Auf den meisten Grundstücken bullerten die Klimaanlagen. Wir schwitzten. Wir klebten. Wir atmeten flach.

»Das größte Glück«, sagte Tom, »ist ein Dach über dem Kopf. Ich kann das beurteilen, ich hatte jahrelang keines. Ein gutes Zuhause führt zu einem geregelten Leben, und ein geregeltes Leben macht dich zum guten Bürger. Ich glaube, das ist der Amerikanische Traum.«

»Oh, nicht das schon wieder!«, sagte ich erschöpft und fächelte mir mit einer Serviette Luft zu.

Tom nuckelte beleidigt an seiner Bierflasche. »Auf jeden Fall hast du dank meiner das schönste Haus in der Straße. Ich muss, bevor die Winterregen kommen, die Dachrinnen sauber machen.«

»Regen!«, rief ich sehnsüchtig. Der Schauer, der Bikrams Teppich ruiniert hatte, lag Wochen zurück. Ich blickte auf den Abendhimmel über dem Häuschen. Er war orange gefärbt, von grauen Schlieren durchzogen. »Wie schön die Sonne untergeht.«

Tom hob den Blick. »Im Süden?«, fragte er. Dann, mit einem plötzlichen Energieschub, der ihn aus dem Balkonstuhl katapultierte: »Das ist nicht die Sonne! Das ist Feuer!«

Es war ein Waldbrand in einem Canyon etwa zehn Autominuten von uns entfernt. Als wir aus meiner kleinen Bergstraße auf den Boulevard bogen, der uns zu Toms Bushaltestelle führte, stand schon alles still, Stoßstange an Stoßstange. Die Polizei hatte – im dicksten Feierabendverkehr – den Freeway gesperrt und alle Wagen umgeleitet, der gesamte Westen von Los Angeles wurde zu einem riesigen Parkplatz. Ich nahm die andere

Richtung, hinauf zum Mulholland Drive. Wir waren die Einzigen, die nach oben fuhren. Die Luft wurde mit jedem Meter beißender. Hubschrauber knatterten über uns hinweg, einige vom Fernsehen, die meisten von der Feuerwehr, beladen mit Wasser. Oben auf der Bergkette konnte man Rauchwolken sehen und in den Hängen der Santa-Monica-Berge sogar einige Flammen. Häuser wurden evakuiert, ihre Bewohner in einer Schule im Valley untergebracht. Die Polizei blockierte alle Zufahrten, wir bogen auf eine Parkbucht am Mulholland ab und stiegen aus.

Es war nun dunkel, und der Wind fuhr uns heiß um die Köpfe. Santa Anas sind unberechenbar und mächtig, sie reißen Strommasten um und fegen Funken kilometerweit übers Land, und in jedem Herbst finden sie Komplizen für ihr zerstörerisches Spiel: ausgedörrte Wälder, scheinbar kalte Feuerstellen, Brandstifter. Im Jahr zuvor hatte Malibu gelodert, später eine riesige Region um San Diego. Jedes Mal waren die Feuer »Breaking News« im Fernsehen, dabei kommen sie so regelmäßig und zuverlässig wie das Schlachtfest für die Truthähne zu Thanksgiving. Es gibt Gegenden, die so häufig und heftig von den Santa-Ana-Winden heimgesucht werden, dass sich jede Versicherung weigert, Verträge für den Brandfall abzuschließen. Gebaut wird dort trotzdem. Gelebt wird dort trotzdem. Wie sagen die Kalifornier? Wird schon nicht so schlimm.

Wir standen eine Weile schweigend auf dem Parkplatz und starrten in das diffuse Dunkel, vor dem die Warnlichter der Feuerwehrwagen blinkten. Hinter uns leuchtete unversehrt der Lichterteppich des San-Fernando-Tals. Ab und zu trug der Wind Rauch zu uns herüber und den Lärm der Helikopter. »Lass uns fahren«, hustete ich.

»Was ist dir eigentlich lieber, Erdbeben oder Waldbrände?«, fragte Tom.

»Schlammlawinen«, sagte ich, und wir beide mussten lachen.

»Du Arme«, sagte Tom, als wir uns zum Auto umwandten. »Erst die Hitze und dann das Feuer, und wenn du mich abgeliefert hast und zurückfährst, stehst du stundenlang im Stau. Ein bisschen viel Kalifornien auf einmal.«

Ich warf mich auf den Autositz. Der Hund streckte kurz den Kopf nach vorn und begrüßte mich mit einem Nasenstüber im Nacken, seine Silhouette im Rückspiegel ein stehendes Ohr und eines mit Knick. »Ich hab's doch so gewollt«, sagte ich.

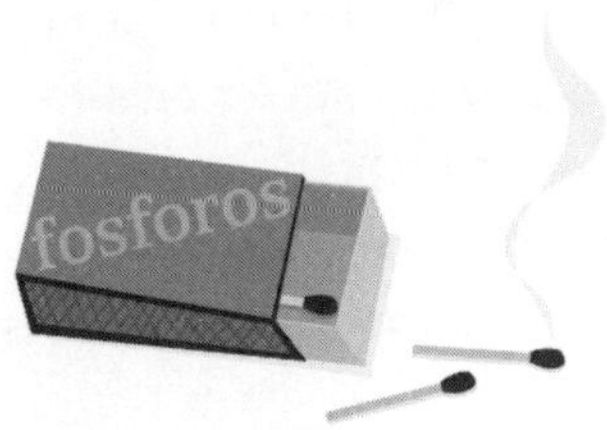

Am nächsten Morgen ist mein rotes Auto weiß. Als ich die Tür öffne, rieselt Asche auf Georgie, der ein Geräusch macht wie ein Räuspern. Wir fahren hinauf zum Mulholland Drive. Aufgehende Sonne über den Bergen von San Bernardino. Rauch steigt aus den Wäldern am anderen Ende des Tals. Im Radio melden sie, nur einer der drei Brände sei gelöscht. Es war jener, der uns am nächsten wütete. Über dem San-Fernando-Tal hängt eine schmutzig-braune Wolke, die zu glühen beginnt, als die Sonnenstrahlen sie treffen. Ein ziemlich spektakulärer Anblick. Ich muss wieder husten.

Mein Handy klingelt, es ist Tom. Um diese Zeit! »Allein der Gedanke, dass es unser Haus fast erwischt hätte!«, klagt er mit einer Stimme, die nicht nach Schlaf klingt. Eher nach langer Nacht. »Wo ich es so schön angemalt habe.«

»Als ob du fertig wärst! Kommst du heute?«

Tom murmelt etwas von wichtigen Geschäften, er melde sich später noch mal. Wahrscheinlich fällt er postwendend ins Bett. Als ich auf dem Parkplatz ankomme, wo unser Spazierweg beginnt, klingelt das Handy erneut.

»Steht noch alles?«, fragt Phil.

»Das Feuer war nicht wirklich nah«, wiegle ich ab.

»Das erzählt Tom aber anders!«, brummt er. »Es kann so schnell gehen. Das Haus meiner Großeltern ist in fünf Minuten niedergebrannt.«

»Heute Nacht?«, frage ich entsetzt.

»Vor fünfundzwanzig Jahren. Sie haben an genau der gleichen Stelle ein neues Haus gebaut. Nicht eine einzige Versicherung wollte sie nehmen. Aber dickköpfig waren sie.«

»Steht das heute noch?«

»Nein. Ein Erdrutsch hat es zerstört. Sie waren gerade am Lake Powell segeln und konnten es gar nicht fassen. So viele Katastrophen auf einmal.«

»Wo leben sie heute?«

»Na, dort«, erwidert er belustigt. »Wo sonst. Im dritten Haus. Sie sagen, ich werde es erben.«

»Oh, viel Glück.«

»Wieso? Was kann noch kommen? Ich bin froh, dass euch nichts passiert ist.«

»Wirklich«, sage ich gerührt, »es ist alles gut.«

Ich lasse den Hund von der Leine, er schießt wie ein Pfeil auf den Fuß der Hügel zu. Ein Kojote sitzt dort drüben im ersten Sonnenschein.

Außer mir ist kein Mensch im Canyon. Die trockenen Hügel erröten in der Morgensonne, als schämten sie sich für das Drama der vergangenen Nacht. Oder für das der kommenden Nächte, wer weiß. Über dem Meer kein Wölkchen am Himmel, kein Regen in Sicht. Es wird warm, es wird ein wunderschöner Tag.

Wie immer.